勝つ！社労士受験 月刊社労士受験 別冊

図解テキスト
労働保険徴収法

2025年版

■■ は じ め に ■■

　本書は、社会保険労務士試験の試験科目の一つである「労働保険の保険料の徴収等に関する法律」、通称「労働保険徴収法」を図解でわかりやすく解説するテキストです。

　労働保険徴収法は、社労士試験では択一式で６問出題され、他の科目の法律に引けを取らない重要性を持っている法律といえますが、一般にあまりなじみがない法律で、規定されている内容をイメージしにくいため、勉強を進めていくのが難しいという声がしばしば聞かれます。

　労働保険徴収法とは、ひらたくいうと、「労災保険と雇用保険の保険料を集めるための法律」です。

　一般的に「保険」という仕組みは、「保険料を集めること」と、集めた保険料を財源として「保険給付を行うこと」という２つの大きな要素で成り立っているといえますが、労災保険と雇用保険においては、その２つの要素を別々の法律で規定しています。
　「保険給付を行うこと」については、労災保険法と雇用保険法の本体でそれぞれ規定し、「保険料を集めること」については、労災保険と雇用保険をセットにして「労働保険」という名前にしたうえで、その「労働保険料」の徴収について労働保険徴収法が一手に担うという形になっています。

　そして、労災・雇用の「保険給付」が「労働者」に対して行われる一方、「労働保険料」の徴収は（雇用保険料に労働者負担分はありますが）、「事業主」から行われます。そのため、「労働保険料」の徴収に特化した労働保険徴収法は、専ら「事業主」を対象とした内容となっています。
　つまり、労働保険徴収法には基本的に労働者たる「人」が出てきません。そのため、他の社労士試験科目の法律のように、勉強する際に「自分の身に置き換えて考える」ということがなかなかできません。このことが、労働保険徴収法が「とっつきにくい」「内容をイメージしにくい」ものとなっている理由の一つと考えられます。

iii

本書は、このように「内容をイメージしにくい」労働保険徴収法の基本と仕組みを、図解によってわかりやすく伝えることを目的としています。「有期事業の一括」「概算保険料」「確定保険料」「延納」など、文字だけでは理解しにくい労働保険徴収法の内容を図解し、実体としてつかむことができるようにしました。

　実際の試験対策としては、数字などを暗記する必要がありますが、まず意味を理解したうえで暗記をしていくことで、記憶の定着度は各段に上がるはずです。

　皆様が本書を活用して労働保険徴収法を得意科目にし、社労士試験合格を手にされることを願っております。

もくじ

第1章　総則　　1

第1節　労働保険徴収法とは …………………………………………………… 2
第2節　保険関係 ………………………………………………………………… 3
第3節　労働保険 ………………………………………………………………… 5
第4節　保険年度 ………………………………………………………………… 6
第5節　賃金 ……………………………………………………………………… 7
第6節　事業 ……………………………………………………………………… 8
第7節　継続事業 ……………………………………………………………… 10
第8節　有期事業 ……………………………………………………………… 11
第9節　一元適用事業 ………………………………………………………… 12
第10節　二元適用事業 ………………………………………………………… 13
第11節　所轄の区分 …………………………………………………………… 14

第2章　保険関係の成立及び消滅　　17

第1節　労働保険関係の成立 ………………………………………………… 18
第2節　保険関係成立届 ……………………………………………………… 19
第3節　暫定任意適用事業の保険関係の成立 労災保険任意加入 ……… 20
第4節　暫定任意適用事業の保険関係の成立 雇用保険任意加入 ……… 22
第5節　労働保険関係の消滅 ………………………………………………… 24
第6節　有期事業の一括の概要 ……………………………………………… 25
第7節　有期事業の一括 ……………………………………………………… 29
第8節　請負事業の一括 ……………………………………………………… 31
第9節　下請負事業の分離 …………………………………………………… 34
第10節　継続事業の一括 ……………………………………………………… 37
《コラム》　街で見かける有期事業と継続事業 …………………………… 39

v

第3章　労働保険料の納付手続等　41

第 1 節　労働保険料 …………………………………………………… 42

第 2 節　賃金総額 ……………………………………………………… 44

第 3 節　一般保険料 …………………………………………………… 46

第 4 節　労災保険率 …………………………………………………… 47

第 5 節　雇用保険率 …………………………………………………… 48

第 6 節　特別加入保険料の額 ………………………………………… 50

第 7 節　労働保険料の納付手続の概要 ……………………………… 52

第 8 節　概算保険料の概要 …………………………………………… 54

第 9 節　概算保険料の納付－継続事業（一括有期事業を含む）の場合 …… 55

第 10 節　概算保険料の納付－有期事業の場合 ……………………… 57

第 11 節　概算保険料の認定決定 ……………………………………… 58

第 12 節　増加概算保険料 ……………………………………………… 60

第 13 節　概算保険料の追加徴収 ……………………………………… 62

第 14 節　概算保険料の延納－継続事業（一括有期事業を含む）の場合 … 64

第 15 節　概算保険料の延納－継続事業（一括有期事業を含む）の場合
　　　　　《期の途中で保険関係が成立した事業》 ………………… 67

第 16 節　概算保険料の延納－有期事業の場合 ……………………… 69

第 17 節　概算保険料の延納－有期事業の場合《納期限》 ………… 71

第 18 節　概算保険料の延納－有期事業の場合
　　　　　《期の途中で保険関係が成立した事業の納期限》 ……… 73

第 19 節　確定保険料の概要① ………………………………………… 75

第 20 節　確定保険料の概要② ………………………………………… 77

第 21 節　確定保険料の申告・納付 …………………………………… 79

第 22 節　確定保険料の認定決定 ……………………………………… 81

第 23 節　認定決定された確定保険料に係る追徴金 ………………… 83

第 24 節　認定決定された確定保険料に係る追徴金の徴収 ………… 84

《コラム》　概算保険料と確定保険料 ………………………………… 85

第4章　メリット制　　87

第1節　メリット制 ……………………………………………………… 88
第2節　継続事業（一括有期事業を含む）のメリット制の
　　　　事業規模と継続性 ………………………………………………… 89
第3節　収支率 …………………………………………………………… 91
第4節　メリット制の適用効果 ………………………………………… 93
第5節　単独有期事業のメリット制 …………………………………… 95

第5章　印紙保険料　　97

第1節　印紙保険料の納付 ……………………………………………… 98
第2節　雇用保険印紙の購入 ………………………………………… 100
第3節　印紙保険料の認定決定 ……………………………………… 101
第4節　認定決定された印紙保険料に係る追徴金 ………………… 102

第6章　労働保険事務組合　　105

第1節　労働保険事務組合 …………………………………………… 106
第2節　労働保険事務組合の認可 …………………………………… 107
第3節　委託等の届出 ………………………………………………… 108
第4節　業務の廃止 …………………………………………………… 109
第5節　労働保険事務組合に対する通知 …………………………… 111
第6節　帳簿の備付 …………………………………………………… 112
第7節　報奨金 ………………………………………………………… 114
《コラム》　労働保険事務組合とは？ ……………………………… 115

第7章　督促、労働保険料の負担、雑則等　119

第1節	督促及び滞納処分	120
第2節	労働保険料の負担	122
第3節	労働保険料の負担－雇用保険分のみの場合	124
第4節	賃金からの控除	126
第5節	時効	127
第6節	罰則	128
第7節	口座振替による納付	130
第8節	不服申立て	132
第9節	代理人	134
◀コラム▶	年度更新のようなお寿司屋さんの話	136

第8章　練習問題　141

練習問題1	142
練習問題2	144
練習問題3	146

※ 本書の内容は、執筆時点（令和7年2月末）で確定しているものとなっており、その後の法改正情報等は反映しておりません。

第1章

総則

第 1 節	労働保険徴収法とは	2
第 2 節	保険関係	3
第 3 節	労働保険	5
第 4 節	保険年度	6
第 5 節	賃金	7
第 6 節	事業	8
第 7 節	継続事業	10
第 8 節	有期事業	11
第 9 節	一元適用事業	12
第10節	二元適用事業	13
第11節	所轄の区分	14

第1節　労働保険徴収法とは

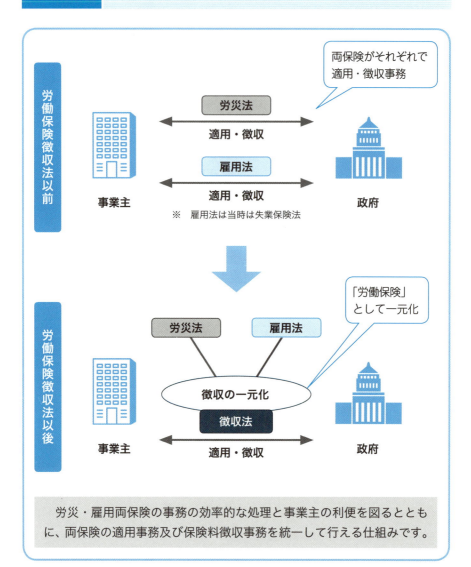

労災・雇用両保険の事務の効率的な処理と事業主の利便を図るとともに、両保険の適用事務及び保険料徴収事務を統一して行える仕組みです。

> **条文**
> 　この法律は、労働保険の事業の効率的な運営を図るため、労働保険の保険関係の成立及び消滅、労働保険料の納付の手続、労働保険事務組合等に関し必要な事項を定めるものとする（法1条）。

解説

昭和47年3月31日以前においては、労災保険及び失業保険（現在の雇用保険）の適用徴収に関する事務は、それぞれ労災保険法及び失業保険法に規定されていました。これでは、事業主も政府も煩雑です。そこで、徴収については一元化し、労災保険法及び失業保険法からは、徴収に関する規定が削除されました。

発展学習

徴収一元化の背景には、5人未満事業所等で就労する労働者の保護の万全を図るため、労災保険及び失業保険の全面適用を実現するという目的がありました。適用拡大に伴い、適用事業所数は約100万増えることが見込まれ（昭和43年当時）、従来の処理方式では無理が出てくることがわかりました。そこで、新たに労働保険徴収法を制定し、適用徴収事務の一元化、徴収機構の一本化などを図ることとしました。

第2節　保険関係

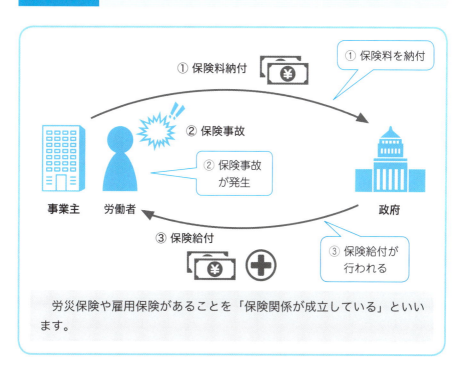

労災保険や雇用保険があることを「保険関係が成立している」といいます。

条文

労災保険の適用事業の事業主については、その事業が開始された日に、その事業につき労災保険に係る保険関係が成立する（法3条）。

雇用保険の適用事業の事業主については、その事業が開始された日に、その事業につき雇用保険に係る保険関係が成立する（法4条）。

解説

例えば労働者が業務上の事由により負傷し、治療しながら休業することになると、労災保険から療養補償給付や休業補償給付を受けられます。もともと労働基準法には災害補償の規定があり、使用者には療養補償、休業補償などの義務があります。しかし使用者の支払能力などによって労働者や遺族に不公平感が生じてはいけません。最悪の場合、受けるべき保護を受けられない可能性もあります。そこで、原則として全事業が労災保険に加入し、全額事業主負担で保険料を支払い、政府が財源を確保して、保険事故に対応する仕組みとなっています。

発展学習

事業主が保険料を滞納しても、労働者や遺族は保険給付を受けられます。事業主からは一定の割合で費用徴収が行われます。なお特別加入者の保険料滞納の場合は、保険料納付義務がある人が滞納者であり、かつ、保険の対象者ということで、給付制限が行われます。

第3節 労働保険

第1章 総則

労働保険 ＝ 労災保険 ＋ 雇用保険

労災保険と雇用保険を合わせた総称

　労災保険も雇用保険も、労働するからこそ加入する保険です。合わせて労働保険といいます。

条文

　この法律において「労働保険」とは、労働者災害補償保険法（以下「労災保険法」という。）による労働者災害補償保険（以下「労災保険」という。）及び雇用保険法による雇用保険（以下「雇用保険」という。）を総称する（法2条1項）。

解説

　徴収法では、労災保険及び雇用保険を総合的、不可分一体的にとらえるという意味で、「労働保険」という言葉を使っています。このため、「労働保険料」「労働保険特別会計」といった用語があります。"労災保険も雇用保険も保険料をまとめてしっかり徴収し、効率的に運営していきたい"という気持ちが明確に表れています。

発展学習

　労災保険は政府が管掌します。雇用保険も、政府が管掌します。労働保険料が最終的に行き着く先も政府です。法律としては三つにわかれていますが、お金の流れを学習しながら、時々保険給付の内容も確認してみましょう。理解が早くなります。

第4節 保険年度

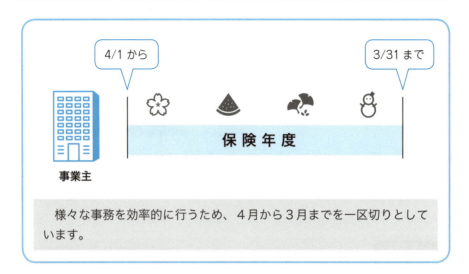

様々な事務を効率的に行うため、4月から3月までを一区切りとしています。

条文

この法律において「保険年度」とは、4月1日から翌年3月31日までをいう（法2条4項）。

解説

徴収法の学習において、「保険年度」は重要な用語です。条文や試験問題では、「保険年度の中途に」「保険年度の6月1日から」などと使われます。この保険年度の中に、毎年の保険料精算の時期を設定したり、分割納付（延納）の納期限を設定したりしています。

発展学習

保険料を計算するため、継続事業においては、毎年4月から3月までの賃金を集計して、賃金総額を算出する必要があります。その年度に支払うべきであったものは、未払いでも計算に含めます。

第5節 賃金

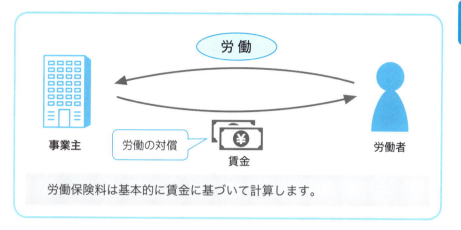

労働保険料は基本的に賃金に基づいて計算します。

> **条文**
>
> この法律において「賃金」とは、賃金、給料、手当、賞与その他名称のいかんを問わず、労働の対償として事業主が労働者に支払うもの（通貨以外のもので支払われるものであって、厚生労働省令で定める範囲外のものを除く。）をいう（法2条2項）。

解説

労働者は労働契約に基づいて労働し、事業主はそれに対して賃金を支払います。継続事業においては、保険年度中のすべての賃金が保険料の計算基礎となりますから、「では賃金とは何か」という点が試験でよく出題されています。例えば労働基準法では、退職金、結婚祝金、死亡弔慰金、災害見舞金などについて、「恩恵的・福利厚生的なものでも、労働協約、就業規則、労働契約等によってあらかじめ支給条件の明確なものは、賃金となる」という取扱いがあります。しかし徴収法では、このようにあらかじめ支給条件が明確なものであっても賃金とはなりません。

発展学習

賃金に算入すべき「通貨以外のもので支払われる賃金の範囲」は、食事、被服及び住居の利益のほか、所轄労働基準監督署長又は所轄公共職業安定所長の定めるところによります（則3条）。賃金のうち通貨以外のもので支払われるものの評価に関し必要な事項は、厚生労働大臣が定めます（法2条3項）。

第6節　事業

事業 …「保険関係成立の単位」

継続事業

（例）
「株式会社
〇〇自動車」

事業主

事業	本社	保険関係
事業	支社	保険関係
事業	工場	保険関係
事業	研究所	保険関係

政府

有期事業

（例）
「株式会社
〇〇建設」

事業主

※ 本社・営業所な
ど事務部門は継
続事業

事業
（単独有期事業）

大規模な
建設工事現場

保険関係

政府

（例）
「株式会社
〇〇工務店」

事業主

※ 本社・営業所な
ど事務部門は継
続事業

事業
（一括有期事業）

小規模な
建設工事現場

保険関係

政府

> 事業主 …「法律上の権利義務の主体」
>
> ・法人経営 → 法人自体
>
>   (例)「株式会社〇〇自動車」
>
>
> 事業主
>
> ・個人経営 → 個人事業主本人
>
>   (例)「〇山 〇夫」
>
>
> 事業主
>
> 「事業」は、労災保険・雇用保険に係る保険関係の成立単位です。

行政手引

「事業」とは、労災保険・雇用保険に係る保険関係の成立単位であり、一つの経営組織として独立性をもった経営体（企業における本店、支店、工場、建設現場等）をいい、経営上一体をなす企業そのものをいうのではない（行政手引20002）。

解説

徴収法でいう「事業」は、場所ごとにとらえます。労働基準法、労働安全衛生法なども同様です。実務的には、「ある企業について、書類が何か所分必要か」ということになります。せっかく効率的にしたくて徴収法を作ったのですから、なるべく煩雑な部分を減らしたい。そこで、後述の「保険関係の一括」の仕組みがあります。

「事業主」は、法律上の権利義務の主体をいいます。徴収法で重要なのは労働保険料を確実に集めることですから、「保険料の納付義務の主体」とイメージするとわかりやすいでしょう。

発展学習

継続事業における事業とは、工場、鉱山、事務所のごとく、経営上の一単位としての独立性をもつものをいいます。場所的に分散していても、出張所、支所等で、規模が小さく、事務能力からみて独立性がない場合は、直近上位の機構とまとめて扱われます。

第7節　継続事業

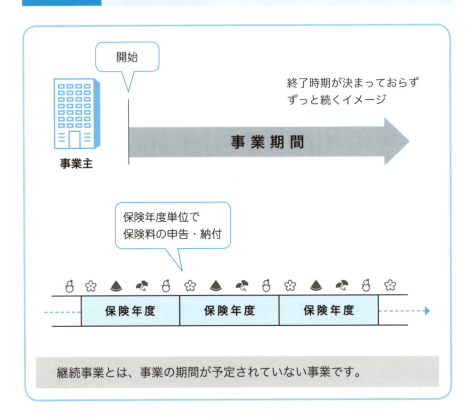

解説

徴収法でいう「事業」の区分の一つに、「継続事業」と「有期事業」があります。
　事業の期間が予定されていない事業を、「継続事業」といいます。例えば、病院や商店などがそうですし、社労士事務所も継続事業です。労働保険料を、毎年決まった時期に申告して納め、前年度の過不足を精算します。この手続を、「年度更新」と呼んでいます。

発展学習

　試験問題では、「有期事業以外の事業」と書かれていることがあります。これは継続事業のことです。法律的な言い回しに慣れていきましょう。

第8節 有期事業

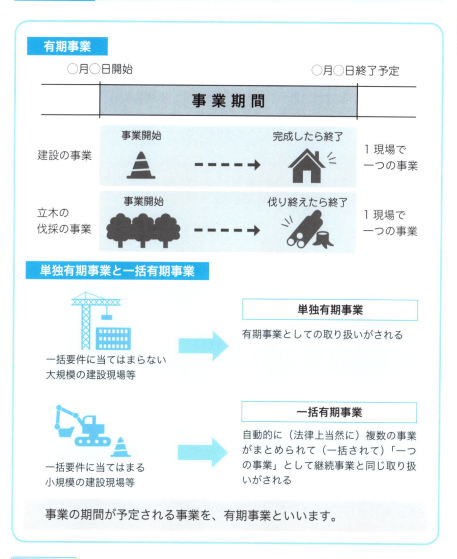

解説

　徴収法では、事業の期間が予定されている「建設の事業」と「立木の伐採の事業」を、有期事業として継続事業とは異なる扱いをしています。保険料の清算は、年度単位ではなく事業が終了してから一度だけ行います。

📖 **発展学習**

　多くは請負契約ごとにこれを事業の適用単位として差し支えないが、例えば、ビル建築工事のごとく一つの工作物を完成するまでに場所的かつ時期的に相関連して行われる作業の一体をなすものについては、請負契約の数にかかわらず、請負契約ごとに区分することなく、それらをまとめて一つの事業として取り扱う（昭25.8.26 基収1161号）。

　なお、時期的に独立して行われる事業であっても、請負契約の本旨等から当該事業が先行する事業に当然付随するものであるときは、先行する事業に吸収して取り扱う（昭26.11.27 基収3310号）。

第9節　一元適用事業

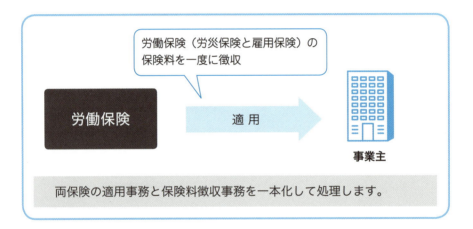

解説

　徴収法には、「一元適用事業」と「二元適用事業」という区分があります。二元適用事業に該当しないものは、一元適用事業です。二元適用事業は、次で見るように業種による特色があります。

　一元適用事業の例を考えてみましょう。例えば、小売業で労働者が30人、そのうち10人が雇用保険の被保険者だとします。この場合、労災保険の保険料は30人全員のものを合算して求めます。雇用保険の保険料は10人分です。保険料の申告は、労災保険と雇用保険を一通の申告書で行うことができます。

　二元適用事業の場合は、労災保険で一通、雇用保険で一通などと書類の数が増えます。労働保険番号も、二つ以上あります。

第10節　二元適用事業

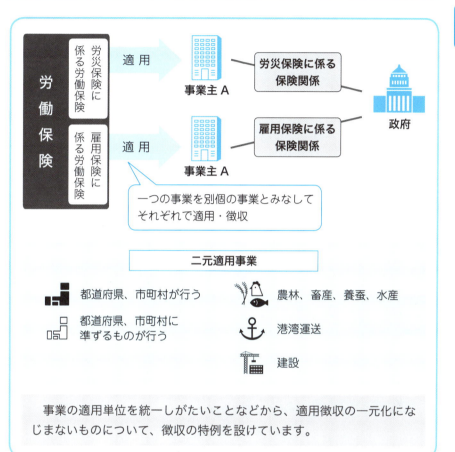

条文

都道府県及び市町村の行う事業その他厚生労働省令で定める事業については、当該事業を労災保険に係る保険関係及び雇用保険に係る保険関係ごとに別個の事業とみなしてこの法律を適用する（法39条1項）。

国の行なう事業及び前項に規定する事業については、労働者の範囲（同項に規定する事業のうち厚生労働省令で定める事業については、労働者の範囲及び一般保険料の納付）に関し、厚生労働省令で別段の定めをすることができる（法39条2項）。

> **解説**

　「別個の事業とみなして」というのは、保険関係ごとに一般保険料の算定・納付等を行うということです。実際の書類で考えると、労災保険用の申告書や納付書と、雇用保険用の申告書や納付書が別々に存在します。

　例えば建設の事業では、現場で働く人、事務所にいる人、という風に、同じ会社の中でも仕事内容や危険度が異なる場合があります。業種が違えば労災保険率も違う区分になりますから、まとめて計算することはできません。さらに、雇用保険も別に計算します。建設の事業は、季節労働者や日雇労働者が多い事業の代表といえます。分けて適用・徴収した方が適切に処理できますから、あえて一元化していないというわけです。

> **発展学習**

　国の行う事業は、二元適用事業ではありません。国の行う事業は国家公務員災害補償法が完全に適用されるため、労災保険が適用される余地がないのです。

第11節　所轄の区分

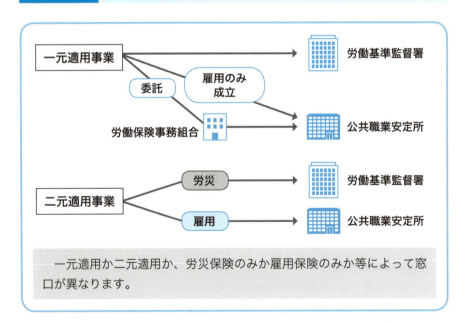

　一元適用か二元適用か、労災保険のみか雇用保険のみか等によって窓口が異なります。

条文

労働保険関係事務は、還付金の還付に関する事務を除き、次の区分に従い、都道府県労働局長並びに労働基準監督署長及び公共職業安定所長が行う。

① 労働保険関係事務（②及び③に規定する事務を除く。）　所轄都道府県労働局長

② 一元適用事業で労働保険事務組合に労働保険事務の処理を委託していない事業に係るもの及び二元適用事業で労災保険に係る保険関係のみに係るもの　所轄労働基準監督署長

③ 一元適用事業であって、労働保険事務組合に労働保険事務の処理を委託している事業に係るもの及び二元適用事業で雇用保険に係る保険関係のみに係るもの　所轄公共職業安定所長　　　　　　　　　　　（則1条1項）

解説

事務の所轄の区分は、覚えにくいのですがコンスタントに出題されています。大まかに、「労災は労基署、雇用はハローワーク」と覚えておけば、あまり迷わずに済むでしょう。

発展学習

一元適用事業で、労働保険事務組合に労働保険事務処理を委託していない事業のうち、雇用保険に係る保険関係のみ成立している事業は、ハローワークが窓口となります。

第2章

保険関係の
成立及び消滅

第1節	労働保険関係の成立 ………………………………	18
第2節	保険関係成立届 ……………………………………	19
第3節	暫定任意適用事業の保険関係の成立 労災保険任意加入 …………………………………	20
第4節	暫定任意適用事業の保険関係の成立 雇用保険任意加入 …………………………………	22
第5節	労働保険関係の消滅 ………………………………	24
第6節	有期事業の一括の概要 ……………………………	25
第7節	有期事業の一括 ……………………………………	29
第8節	請負事業の一括 ……………………………………	31
第9節	下請負事業の分離 …………………………………	34
第10節	継続事業の一括 ……………………………………	37

第1節　労働保険関係の成立

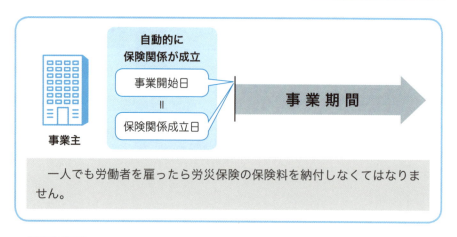

> 条文
>
> 　労災保険法第3条第1項の適用事業の事業主については、その事業が開始された日に、その事業につき労災保険に係る労働保険の保険関係（以下「保険関係」という。）が成立する（法3条）。
> 　雇用保険法第5条第1項の適用事業の事業主については、その事業が開始された日に、その事業につき雇用保険に係る保険関係が成立する（法4条）。

> 解説
>
> 　「事業が開始された日」と規定されていますが、事業主やその同居の親族しかいない状態では、労災保険の保険料を払う義務は生じません。労災保険の対象者がいないためです。労災保険の対象となる労働者が働き始めれば、たとえ届出や納付が遅れていても、自動的に労災保険の保険関係が成立します（強制適用事業の場合）。
> 　雇用保険法の強制適用事業も、その「事業が開始された日」に、保険関係が成立することが規定されています。ただし、これも対象者が現れてからです。例えば、事業主のほかには週15時間勤務のパートタイマーのみ、という場合は、雇用保険の保険関係は成立しません。

> 発展学習
>
> 　暫定任意適用事業に該当していた事業が、強制適用事業に該当するに至った場合は、その日に保険関係が成立します。

第2節　保険関係成立届

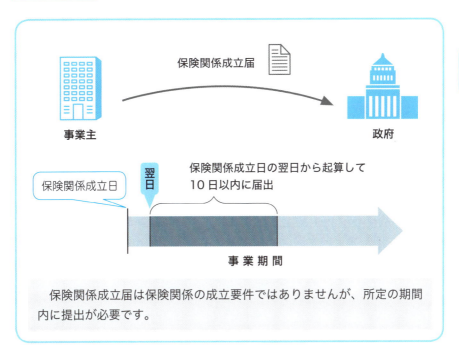

保険関係成立届は保険関係の成立要件ではありませんが、所定の期間内に提出が必要です。

条文

　保険関係が成立した事業の事業主は、その成立した日から10日以内に、その成立した日、事業主の氏名又は名称及び住所、事業の種類、事業の行われる場所その他厚生労働省令で定める事項を政府に届け出なければならない（法4条の2第1項）。

解説

　条文では「その成立した日から10日以内」となっていますが、起算日は保険関係成立日の翌日です。徴収法ではこのように、条文に書かれていなくても翌日起算で考えなければならない事項があります。大まかに言うと、新たに始まったことはその日の午前零時からカウントできないため翌日からカウントします。

発展学習

　保険関係成立届は、労災保険法の「事業主からの費用徴収」のところにも出てきます。確認してみましょう。

第3節 暫定任意適用事業の保険関係の成立 　労災保険 任意加入

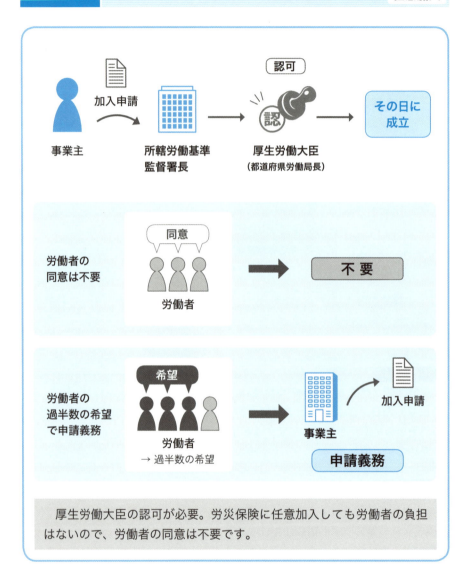

厚生労働大臣の認可が必要。労災保険に任意加入しても労働者の負担はないので、労働者の同意は不要です。

条文

労災保険暫定任意適用事業の事業主については、その者が労災保険の加入の申請をし、厚生労働大臣の認可があった日に、その事業につき労災保険に係る保険関係が成立する（整備法5条1項）。

労災保険暫定任意適用事業の事業主は、その事業に使用される労働者（船員保険の被保険者を除く。）の過半数が希望するときは、加入申請をしなければならない（整備法5条2項）。

労災保険の加入の申請をしようとする事業主は、所定の申請書を所轄都道府県労働局長に提出しなければならない（整備省令1条）。

解説

労災保険の暫定任意適用事業は、労働者を雇った日や任意加入申請の日ではなく、厚生労働大臣の認可があった日に、保険関係が成立します。認可の権限は、都道府県労働局長に委任されています。

加入申請にあたり、労働者の同意は不要です。保険料は全額事業主負担ですから、労働者には、労災保険法の保護を受けられるという利益しか生じません。反対する理由がありませんね。

また、労働者の過半数の希望があれば、事業主は労災保険の加入申請をしなければなりません。例えば常時4人の労働者を使用する個人経営の農業の事業においては、3人以上の希望で申請義務が生じます。

強制適用事業が暫定任意適用事業に該当するに至ったときは、その翌日に、その事業につき任意加入の認可があったものとみなします。特に手続きをしなくても、引き続き労災保険に加入していられるということです。

発展学習

労災保険の暫定任意適用事業を復習しましょう。

なお、健康保険や厚生年金保険は、労働保険と異なり、任意適用事業所の事業主について、従業員の希望により加入義務が生じる規定はありません。

第4節 暫定任意適用事業の保険関係の成立　雇用保険 任意加入

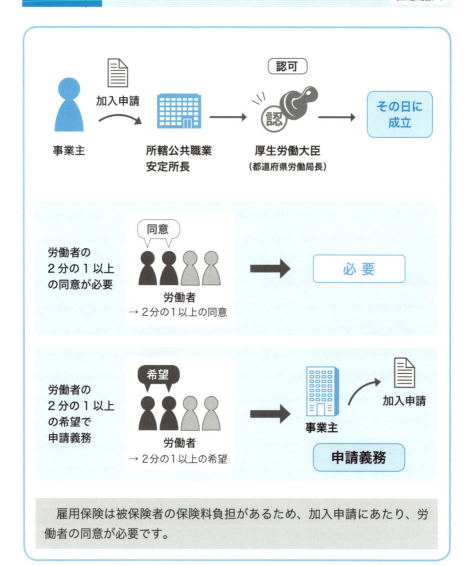

雇用保険は被保険者の保険料負担があるため、加入申請にあたり、労働者の同意が必要です。

条文

雇用保険暫定任意適用事業の事業主については、その者が雇用保険の加入の申請をし、厚生労働大臣の認可があった日に、その事業につき雇用保険に係る保険関係が成立する（法附則2条1項）。

申請は、その事業に使用される労働者の2分の1以上の同意を得なければ行うことができない（同条2項）。

雇用保険暫定任意適用事業の事業主は、その事業に使用される労働者の2分の1以上が希望するときは、第1項の申請をしなければならない（法附則2条3項）。

雇用保険の強制適用事業に該当する事業が雇用保険暫定任意適用事業に該当するに至ったときは、その翌日に、その事業につき第1項の認可があったものとみなす（法附則2条4項）。

解説

労災保険の暫定任意適用事業と大きく異なるのは、事業主の独断では加入申請ができない点です。同意の割合を正確に覚えましょう。労働者の希望により申請義務が生じるのは労災保険と同様ですが、同意の割合が異なります。労災保険は「過半数」ですが、雇用保険は「2分の1以上」です。

発展学習

雇用保険の任意加入申請に同意しなかった者も、包括して加入しなければなりません。

第5節 労働保険関係の消滅

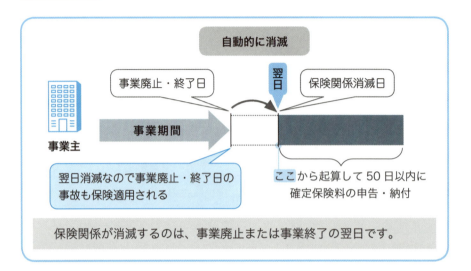

保険関係が消滅するのは、事業廃止または事業終了の翌日です。

条文

　保険関係が成立している事業が廃止され、又は終了したときは、その事業についての保険関係は、その翌日に消滅する（法5条）。
　暫定任意適用事業の任意脱退の場合は、事業主が保険関係の消滅の申請をし、厚生労働大臣の認可があった日の翌日に、その事業についての当該保険関係が消滅する（整備法8条1項、法附則4条）。
　労災保険暫定任意適用事業の消滅申請は、次の各号に該当する場合でなければ行うことができない。一　当該事業に使用される労働者の過半数の同意を得ること。二　保険関係が成立した後1年を経過していること。三　特別保険料の徴収期間が経過していること（整備法8条2項）。
　雇用保険暫定任意適用事業の消滅申請は、その事業に使用される労働者の4分の3以上の同意を得なければ行うことができない（法附則4条2項）。

解説

　例えば令和7年3月31日に事業を廃止したときは、その翌日の4月1日が保険関係の消滅日です。確定保険料の申告・納付は、4月1日から起算して50日以内に済ませなければなりません。この例で問題文に事業廃止日しか示されていない場合に、3月31日から数えないよう気を付けてください。
　暫定任意適用事業は、所定の手続きにより保険関係を消滅させることができます。

📖 **発展学習**

　労災保険暫定任意適用事業の消滅申請要件にある「特別保険料」とは、任意加入する前の災害に対して保険給付を行う場合に徴収する保険料です。
　暫定任意適用事業の消滅申請が認可されたときは、消滅申請に同意しなかった者も包括して脱退となります。

第6節　有期事業の一括の概要

<イメージ>

もしも有期事業の一括がなかったら…

労働保険関係は個々の適用事業単位で成立するため、小規模、短期間（例えば数日程度～1日、半日）の工事等も全て1事業として、それぞれについて概算保険料の申告納付⇒事業終了後確定保険料申告納付（還付）の手続きを行うことになる

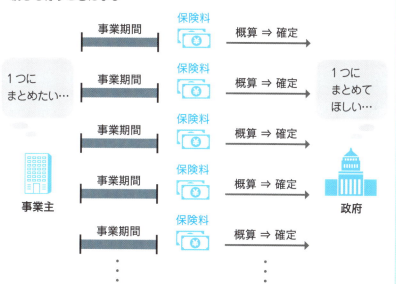

有期事業の一括の仕組み

保険年度で区切り、その間の要件に該当する事業の賃金額を合計して保険料を算定＝継続事業と同じ取り扱いにする

4/1　　3/31

保険年度

まとめて計算　→　まとめて納付

事業期間
事業期間
事業期間
事業期間
事業期間

一回で済む！

事業主

一回で済む！

政府

全部合わせて「1事業」とする

有期事業の一括の要件

① 事業主 — 事業 / 事業　　それぞれの事業主が同じ

② 事業期間 / 事業期間　　それぞれが有期事業

③

| 労災 | 建設 |
| 労災 | 立木の伐採 |

それぞれが労災保険関係が成立している建設の事業または立木の伐採の事業

④

事業期間 — 舗装工事業
事業期間 — 舗装工事業

それぞれの事業の種類が同じ

⑤

建設の場合

概算保険料
160万円未満

かつ

発注者
▼
元請

請負金額
1億8,000万円未満

立木の伐採の場合

概算保険料
160万円未満

かつ

素材の見込生産量
1,000立方メートル未満

それぞれがこの規模の範囲

⑥

事業期間
時期が重なる
事業期間

それぞれが他の事業の全部または一部と同時に行われる

⑦

事務所 — 事業
事務所 — 事業

それぞれの事務所が同じ

　小規模の建設工事などを一定の要件のもとにまとめて申告する制度です。

第2章 保険関係の成立及び消滅

27

条 文

　二以上の事業が次の要件に該当する場合には、この法律の規定の適用については、その全部を一の事業とみなす。

① 事業主が同一人であること。

② それぞれの事業が、有期事業であること。

③ それぞれの事業が、労災保険に係る保険関係が成立している事業のうち、建設の事業であり、又は立木の伐採の事業であること。

④ それぞれの事業が、事業の種類（労災保険率表に掲げる事業の種類をいう。を同じくすること。

⑤ それぞれの事業の規模が、次の規模以下であること。

　　イ　建設の事業にあっては、概算保険料の額に相当する額が160万円未満であり、かつ、請負金額が1億8,000万円未満であること。

　　ロ　立木の伐採の事業にあっては、概算保険料の額に相当する額が160万円未満であり、かつ、素材の見込生産量が1,000立方メートル未満であること。

⑥ それぞれの事業が、他のいずれかの事業の全部又は一部と同時に行なわれること。

⑦ それぞれの事業に係る労働保険料の納付の事務が一の事務所で取り扱われること。

（法7条、則6条）

解 説

　小規模の仕事や短期間の仕事について、そのつど保険料申告書を作成するのは、事業主も政府も大変です。そこで、一定規模未満のものについては、保険年度ごとに一括して処理することになっています。これを有期事業の一括といいます。

　保険料の精算は、継続事業と同様で、毎年の年度更新となります。

発 展 学 習

　一括されるのは労災保険の保険関係のみです。雇用保険はそれぞれの事業（継続事業としての会社事務所）ごとに適用されます。

第7節 有期事業の一括

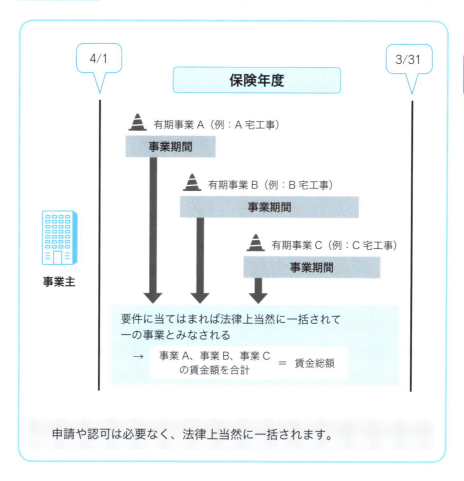

条文

法第7条の規定により一の事業とみなされる事業についての事業主は、次の保険年度の6月1日から起算して40日以内又は保険関係が消滅した日から起算して50日以内に、次に掲げる事項を記載した報告書を所轄都道府県労働局歳入徴収官に提出しなければならない。

一　労働保険番号

二　事業主の氏名又は名称及び住所又は所在地

三　事業の名称、事業の行われる場所、事業の期間及び事業に係る賃金総額

四　建設の事業にあっては、当該事業に係る請負金額及びその内訳並びに労務費率

五　立木の伐採の事業にあっては、立木の所有者の氏名又は名称及び住所又は所在地、当該事業に係る労働者の延べ人数、素材の生産量並びに素材1立方メートルを生産するために必要な労務費の額

（則34条）

解説

　有期事業の一括は、要件に該当すれば法律上当然に行われます。申請や認可といった手続きはいらないということです。

　一括されるかどうか、つまり継続事業と同様に扱われるかどうかは、最初に決まります。途中で規模が変わったから一括されない有期事業に変わる、ということはありません。

　有期事業の一括については特別な書式があります。「一括有期事業報告書」というもので、所轄労働基準監督署長を経由して提出します。建設の事業について賃金総額の特例が認められる場合は、請負金額×労務費率（17％～38％）＝賃金総額となるため、労務費率も記入します。

労務費率…請負金額中に占める賃金総額の割合

発展学習

　同一の事業主が元請負人として実施している事業と、下請負人として実施している事業とは、原則として一括されません。

第8節 請負事業の一括

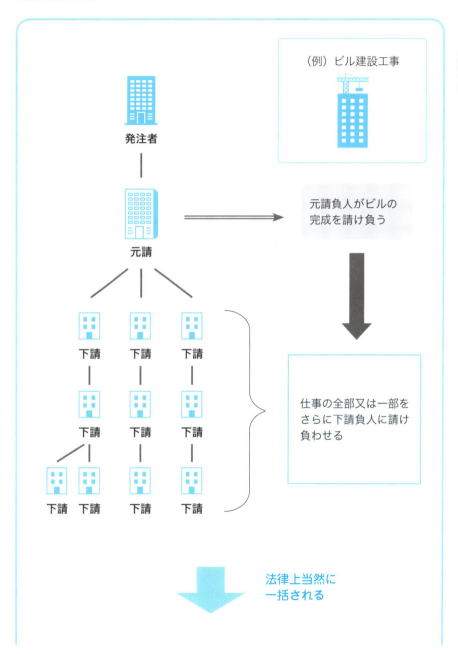

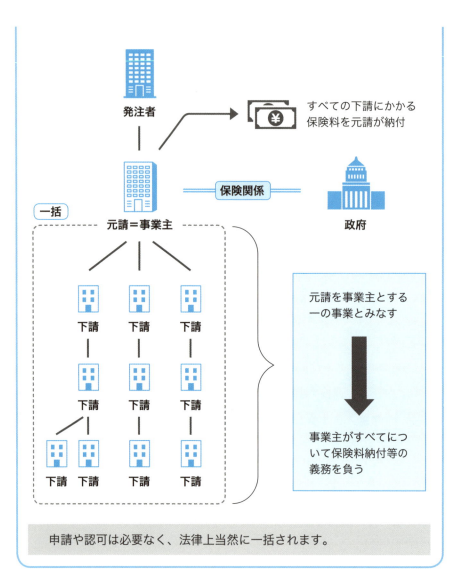

条文

厚生労働省令で定める事業が数次の請負によって行なわれる場合には、この法律の規定の適用については、その事業を一の事業とみなし、元請負人のみを当該事業の事業主とする（法8条1項）。

法第8条第1項の厚生労働省令で定める事業は、労災保険に係る保険関係が成立している事業のうち建設の事業とする（則7条）。

解説

数次の請負によって行われる建設の事業は、法律上当然に、労災保険の保険関係が一括されます。これを請負事業の一括といいます。規模要件はありません。保険料の申告・納付は、元請でまとめて行います。

雇用保険の保険関係は一括されず、それぞれの事業ごとに徴収法が適用されます。

なお、下請の規模が大きいと元請の負担が大きくなってしまうので、一定の場合は下請を分離させることができます。

発展学習

元請負人は、下請負人の労働者を含めて、当該事業に使用される労働者につき、保険料の納付義務等を負いますが、労働関係の当事者として使用者となるわけではありません。

第9節 下請負事業の分離

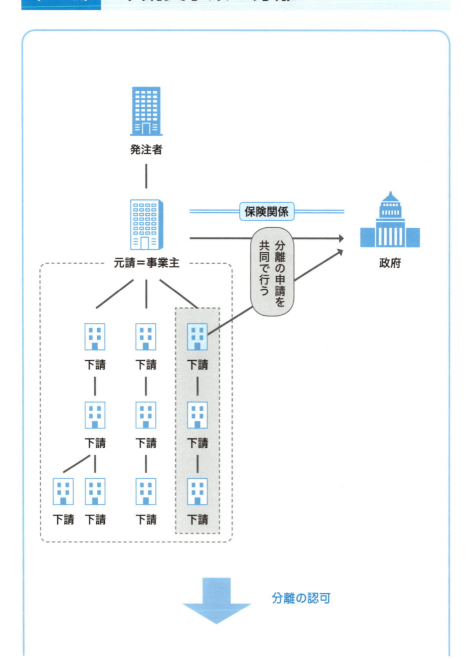

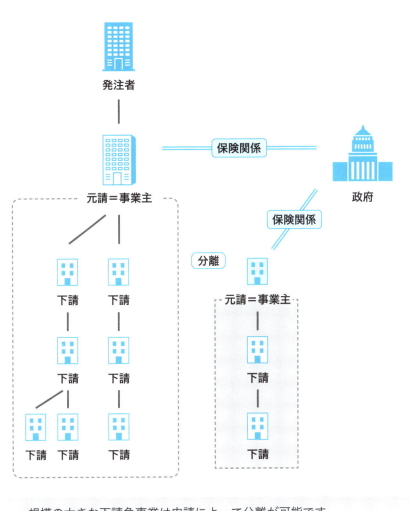

規模の大きな下請負事業は申請によって分離が可能です。

条文

請負事業の一括の場合において、元請負人及び下請負人が、当該下請負人の請負に係る事業に関して同項の規定の適用を受けることにつき申請をし、厚生労働大臣の認可があったときは、当該請負に係る事業については、当該下請負人を元請負人とみなして同項の規定を適用する（法8条2項）。

下請負事業の分離の認可を受けるためには、下請負人の請負に係る事業が有期事業の一括に該当する事業以外の事業でなければならない（則9条）。

解説

数次の請負による建設の事業は、「請負事業の一括」により法律上当然に一括されますが、一定以上の規模の下請負事業は、所定の手続きで分離が可能です。

〔一定以上の規模とは〕
概算保険料160万円以上又は請負金額1億8千万円以上であること。

認可を受けるためには、元請負人と下請負人が共同で申請しなければなりません。認可を受けると、その下請負事業の事業主に、保険料の申告・納付義務が生じます。

発展学習

申請期限は、保険関係が成立した日の翌日から起算して10日以内です。

第10節 継続事業の一括

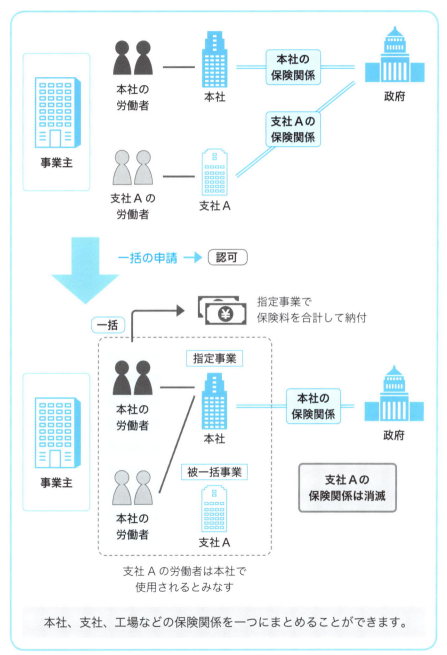

本社、支社、工場などの保険関係を一つにまとめることができます。

条文

事業主が同一人である二以上の事業（有期事業以外の事業に限る。）であって、厚生労働省令で定める要件に該当するものに関し、当該事業主が当該二以上の事業について成立している保険関係の全部又は一部を一の保険関係とすることにつき申請をし、厚生労働大臣の認可があったときは、この法律の規定の適用については、当該認可に係る二以上の事業に使用されるすべての労働者は、これらの事業のうち厚生労働大臣が指定するいずれか一の事業に使用される労働者とみなす。この場合においては、厚生労働大臣が指定する一の事業以外の事業に係る保険関係は、消滅する。

一　それぞれの事業が、次のいずれか一のみに該当するものであること。
　　イ　労災保険に係る保険関係が成立している事業のうち二元適用事業
　　ロ　雇用保険に係る保険関係が成立している事業のうち二元適用事業
　　ハ　一元適用事業であって労災保険及び雇用保険に係る保険関係が成立しているもの
二　それぞれの事業が、事業の種類を同じくすること。

（法9条、則10条）

解説

　工場や支店など、複数の保険関係が成立している場合は、事業主が申請して厚生労働大臣の認可を受ければ、一つにまとめることができます。

　年度更新の際は、「指定事業」において、複数の場所の労働者に係る賃金総額を合算して申告し、保険料を納付します。継続事業の一括をしないと、場所が3か所なら書類は3枚、場所が10か所なら書類は10枚必要になってしまいます。電子申請をするにしても、複数の事業について入力するのは大変ですね。

　それぞれの事業の規模は不問で、保険年度中、いつでも申請することができます。

発展学習

　「指定事業」は、必ずしも本社である必要はありません。また、事業主が希望したのとは別の事業が指定事業となることもあります。

コラム

街で見かける有期事業と継続事業

　徴収法上の事業の区分で、「有期事業」と「継続事業」という分け方があります。

　"「有期事業」は事業の期間が予定される事業のことをいい（建設又は立木の伐採）、「継続事業」は事業の期間が予定されない事業のことをいう（工場、商店、事務所等）"というのが一般的な説明となりますが、おおまかに言ってしまえば、「有期事業」とは基本的に「工事現場」のことです。つまり、「有期事業と継続事業の違い」をひとことで言えば、「工事現場か工事現場以外か」ということになります。

　そして、この「有期事業」も、「一括有期事業」と「単独有期事業」に分かれます。

　「一括有期事業」は一括要件に当てはまる小規模の工事現場、「単独有期事業」は一括要件に当てはまらない大規模の工事現場のことです。

　これらの「継続事業」「一括有期事業」「単独有期事業」を、「街で見かける風景」のイメージで考えてみると、次のようになります。

　まず、街を歩いていれば、商店や飲食店があり、オフィスビルなどには様々な会社の事務所や営業所があります。これらは「継続事業」。

　また、街のあちこちでは、店舗の改装工事や道路の舗装工事、家の解体工事といった小規模工事が行われていたりします。このような小規模工事現場が「一括有期事業」。

　そして、たまに見かけるような、巨大なビルの建設工事などの大規模工事現場が「単独有期事業」。

　以上はあくまで大雑把なイメージですが、「継続事業」「一括有期事業」「単独有期事業」がどのようなものかを思い浮かべることができると思います。

　次に、「保険料納付手続」という点からみると、「継続事業」「一括有期事業」「単独有期事業」は以下のようになります。

　まず、「継続事業」（先ほどの「商店や事務所」など）の場合は、4/1

～ 3/31 の「保険年度」単位で保険料計算を行い、6/1 ～ 7/10 の納付期間に前年度の確定保険料申告・精算と当年度の概算保険料納付を一緒に行う「年度更新」によって納付手続を行います。

　また、「一括有期事業」（先ほどの「店舗の改装工事」など）の場合、保険年度内に行われた複数の「一括有期事業」は、まとめて 1 事業とみなされます。例えば「店舗の改装工事」を行う会社であれば、保険年度内に一括要件に当てはまる「店舗の改装工事」を 10 回行ったとしたら、その 10 回の工事をまとめてひとつの事業とみなし、かかった労働保険料を合計します。つまり、継続事業と同じく「保険年度」単位での保険料納付手続である「年度更新」によって納付手続を行うことになります。

　そして、「単独有期事業」（先ほどの「巨大なビルの建設工事」）は、それ単体で「有期事業」として、保険年度ではなく「事業期間」の中でかかった保険料を計算し、事業の開始当初に概算保険料納付、事業の終了後に確定保険料申告・精算の手続を行うことになります。

　なお、一般的に大規模工事である「単独有期事業」は元請－数次の下請による工事となるため、その場合は自動的に「請負事業の一括」が行われて元請のみが保険料納付義務を負います（また、単独有期事業に届かない規模（一括される規模）の工事であっても、「元請－数次の下請」による工事であれば、元請において「請負事業の一括」が行われたうえで、元請の「有期事業の一括」の対象となります）。

　また、有期事業では雇用保険の保険関係が成立しないため、「有期事業の一括」も「請負事業の一括」も、「労災保険にかかる保険関係」にのみ行われます（「現場労災」と呼ばれます）。建設の事業は二元適用事業なので、一般的には雇用保険にかかる保険関係は、建設会社の会社事務所（継続事業）において別途成立することになります。

第3章

労働保険料の
納付手続等

第1節	労働保険料	42
第2節	賃金総額	44
第3節	一般保険料	46
第4節	労災保険率	47
第5節	雇用保険率	48
第6節	特別加入保険料の額	50
第7節	労働保険料の納付手続の概要	52
第8節	概算保険料の概要	54
第9節	概算保険料の納付－継続事業（一括有期事業を含む）の場合	55
第10節	概算保険料の納付－有期事業の場合	57
第11節	概算保険料の認定決定	58
第12節	増加概算保険料	60
第13節	概算保険料の追加徴収	62
第14節	概算保険料の延納－継続事業（一括有期事業を含む）の場合	64
第15節	概算保険料の延納－継続事業（一括有期事業を含む）の場合《期の途中で保険関係が成立した事業》	67
第16節	概算保険料の延納－有期事業の場合	69
第17節	概算保険料の延納－有期事業の場合《納期限》	71
第18節	概算保険料の延納－有期事業の場合《期の途中で保険関係が成立した事業の納期限》	73
第19節	確定保険料の概要①	75
第20節	確定保険料の概要②	77
第21節	確定保険料の申告・納付	79
第22節	確定保険料の認定決定	81
第23節	認定決定された確定保険料に係る追徴金	83
第24節	認定決定された確定保険料に係る追徴金の徴収	84

41

第1節 労働保険料

一般保険料	事業主が労働者に支払う賃金を算定基礎とする通常の保険料

第1種特別加入保険料		中小事業主等

第2種特別加入保険料		一人親方等

第3種特別加入保険料		海外派遣者

印紙保険料		日雇労働被保険者（雇用保険法）

特例納付保険料	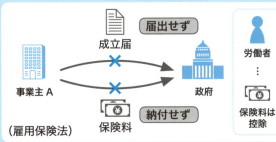

労働保険料には6種類あります。

条文

　政府は、労働保険の事業に要する費用にあてるため保険料を徴収する（法10条1項）。

　前項の規定により徴収する保険料（以下「労働保険料」という。）は、次のとおりとする。

　　一　一般保険料
　　二　第1種特別加入保険料
　　三　第2種特別加入保険料
　　三の二　第3種特別加入保険料
　　四　印紙保険料
　　五　特例納付保険料

　（法10条2項）

解説

　労働保険料の種類は、ここに挙げた6種類のみです。

　一般保険料というのは、普通の労災保険料や雇用保険料のことです。二以下に当てはまらない、一般的なものをいいます。

　二〜三の二は労災保険法を、四、五は雇用保険法を復習しながら学習しましょう。

　雇用保険の資格取得の確認が遅れた場合、以前は、2年より前の期間は認めてもらえませんでした。これは、保険料の徴収権の時効が2年であるためです。平成22年からは、雇用保険法で、一定の場合には2年より前の適用を認めることになりました。そこで徴収法でも、それに合わせて「特例納付保険料」の規定を作りました。基本額に加えて、基本額の10%を納めます。納めることが「できる」規定になっているのも特色の一つです。

　なお雇用保険法では、「資格取得の届出がされていなかったことを知っていた人」は、遡及適用の特例対象から除かれています。徴収法では、保険関係成立届を出していなかった一定の事業主だけが対象です。

発展学習

　法10条1項の「労働保険の事業に要する費用」には、人件費、旅費、庁費等の事務費も含まれます。

第2節 賃金総額

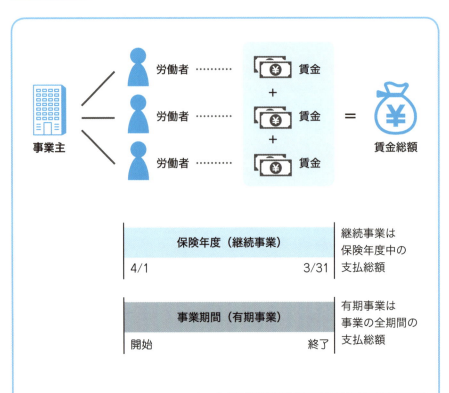

条文

「賃金総額」とは、事業主がその事業に使用するすべての労働者に支払う賃金の総額をいう（法11条2項）。

厚生労働省令で定める事業については、厚生労働省令で定めるところにより算定した額を当該事業に係る賃金総額とする（法11条3項）。

法第11条第3項の厚生労働省令で定める事業は、労災保険に係る保険関係が成立している事業のうち次の各号に掲げる事業であって、賃金総額を正確に算定することが困難なものとする。

一　請負による建設の事業

二　立木の伐採の事業

三　造林の事業、木炭又は薪を生産する事業その他の林業の事業（立木の伐採の事業を除く。）

四　水産動植物の採捕又は養殖の事業　　　　　　　　　　　（則12条）

解説

賃金総額は、継続事業については保険年度中の支払い分すべてを合計して求めます。有期事業は、その事業の全期間における賃金総額を用います。

一定の事業に該当し、賃金総額を正確に算定することが困難である場合は、特例が認められます。例えば建設の事業のうち、建物の新築工事を行い、請負金額が2千万円の場合は、特例で計算すると2千万円×労務費率23％＝460万円となります。この460万円に労災保険率を乗じて保険料が決定されます。

発展学習

法人の取締役で業務執行権を有しない者が労働の対償として受ける賃金は、一般の労働者と同一の条件のもとに支払われる部分が賃金総額に算入されます。

第3節　一般保険料

 = ×

一般保険料 = 賃金総額 × 一般保険料率
（労災保険率＋雇用保険率）

通常の労災保険や、雇用保険の分の保険料です。

条文

　一般保険料の額は、賃金総額に次条の規定による一般保険料に係る保険料率を乗じて得た額とする（法11条1項）。
　一般保険料に係る保険料率は、次のとおりとする。
一　労災保険及び雇用保険に係る保険関係が成立している事業にあっては、労災保険率と雇用保険率
二　労災保険に係る保険関係のみが成立している事業にあっては、労災保険率
三　雇用保険に係る保険関係のみが成立している事業にあっては、雇用保険率
（法12条1項）

解説

　労災保険と雇用保険の対象者が同じ事業は、賃金総額さえわかれば、あとは一般保険料率をかけるだけで、1年分の労働保険料がわかります。

発展学習

　一元適用事業であって、雇用保険法の適用を受けない者を使用するものについては、当該事業を労災保険に係る保険関係及び雇用保険に係る保険関係ごとに別個の事業とみなして一般保険料の額を算定します。つまり、労災保険分と雇用保険分を別々に計算します。保険料申告書には、別々に計算したものと、その合算額を記入します。

第4節 労災保険率

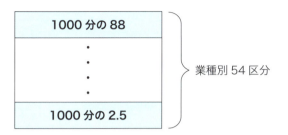

労災保険率は業種によって異なります。危険度が高い業種は高く設定されています。

条文

労災保険率は、労災保険法の規定による保険給付及び社会復帰促進等事業に要する費用の予想額に照らし、将来にわたって、労災保険の事業に係る財政の均衡を保つことができるものでなければならないものとし、政令で定めるところにより、労災保険法の適用を受ける全ての事業の過去3年間の業務災害、複数業務要因災害及び通勤災害に係る災害率並びに二次健康診断等給付に要した費用の額、社会復帰促進等事業として行う事業の種類及び内容その他の事情を考慮して厚生労働大臣が定める（法12条の2）。

解説

基本的な労災保険率は業種別に、労災保険率表に定められています。原則として3年度に1回改定されます。実際の労災保険率は、その事業の業務災害の多さなどにより上げ下げされることもあります（メリット制）。ただし試験対策としては、出題されやすい、最も高いもの、最も低いものを中心に覚えておきましょう。

〔最も高いもの〕
　金属鉱業、非金属鉱業（石灰石鉱業又はドロマイト鉱業を除く。）又は石炭鉱業　1,000分の88
〔最も低いもの〕
　通信業、放送業、新聞業、出版業、金融業、保険業、不動産業など　1,000分の2.5

〔計算しやすく出題されやすいもの〕
　その他の各種事業、小売業　1,000 分の 3

　例えば、社労士事務所は「その他の各種事業」です。月額 8 万円の従業員を 2 名、年間通して使用し、ボーナスの支払いはない場合、16 万円× 12 ＝ 192 万円が賃金総額です。労災保険料は、192 万円× 1,000 分の 3 ＝ 5,760 円となります。

📖 **発展学習**

労災保険率には、非業務災害率 1,000 分の 0.6 が含まれています。

〔非業務災害率〕
　労災保険法の適用を受ける全ての事業の過去 3 年間の複数業務要因災害に係る災害率、通勤災害に係る災害率、二次健康診断等給付に要した費用の額及び複数事業労働者に係る給付基礎日額を用いて算定した保険給付の額その他の事情を考慮して厚生労働大臣の定める率をいう。

第5節　雇用保険率

	① 労働者負担 (失業等給付・育児休業給付の保険料率のみ)	② 事業主負担	② 事業主負担内訳		①＋② 雇用 保険料率
			失業等給付・育児休業給付の保険料率	雇用保険二事業の保険料率	
一般の事業	5.5 /1,000	9 /1,000	5.5 /1,000	3.5 /1,000	14.5 /1,000
農林水産・清酒製造の事業	6.5 /1,000	10 /1,000	6.5 /1,000	3.5 /1,000	16.5 /1,000
建設の事業	6.5 /1,000	11 /1,000	6.5 /1,000	4.5 /1,000	17.5 /1,000

(令和 7 年度)

雇用保険率は 3 つの業種区分により決定されます。

条文

第1種特別加入保険料の額は、労災保険法第34条第1項の規定により保険給付を受けることができることとされた者について給付基礎日額その他の事情を考慮して厚生労働省令で定める額の総額にこれらの者に係る事業についての労災保険率と同一の率から労災保険法の適用を受けるすべての事業の過去3年間の二次健康診断等給付に要した費用の額を考慮して厚生労働大臣の定める率を減じた率を乗じて得た額とする（法13条1項）。

解説

第1種特別加入者は、中小事業主等です。例えば「その他の各種事業」の事業主が1日25,000円を希望して認められた場合、年間の保険料は9,125,000円×1,000分の3＝27,375円となります。その他の各種事業の労災保険率は1,000分の3で、「厚生労働大臣の定める率」は現在零ですから、結果的に労働者に係る労災保険率と同じになります。

第2種特別加入保険料率（一人親方等に係る労災保険率）は、事業又は作業の種類に応じて区分されています。

第3種特別加入保険料率（海外派遣者に係る労災保険率）は、一律1,000分の3です。

発展学習

計算期間の途中から特別加入した場合は、月割計算となります。継続事業の場合は、承認月から、特別加入者としての地位消滅日の前日の属する月までをカウントします。

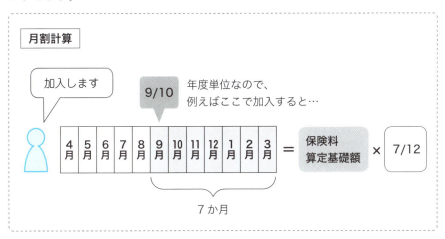

第7節　労働保険料の納付手続の概要

納付手続の流れ

労働保険料の納付手続は、以下の図のような流れで行われます

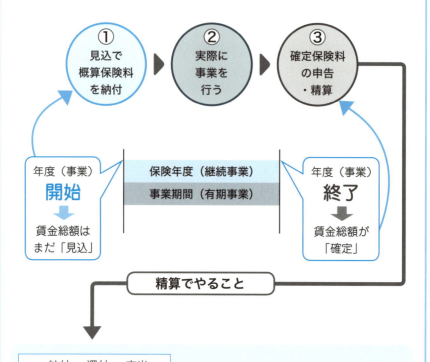

納付 or 還付 or 充当

賃金総額が確定＝保険料額が確定
⬇
当初見込で払った額（概算保険料）と、実際にかかった額（確定保険料）との差額を精算
　　＝
・足りなければその分を払う（納付）
・払い過ぎていたらその分を返してもらう（還付）、
　または継続事業であれば次年度の概算保険料の足しにする（充当）

年度更新

左頁の図の③と①を同時に行うことを「年度更新」といいます

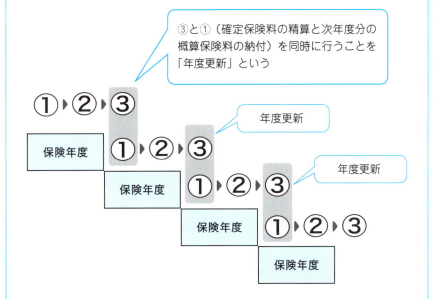

延　納

要件に当てはまれば、概算保険料を3分割して納付（延納）できます

1年を4か月単位で3分割した「期」ごとに納付

※ 年度の途中で保険関係が成立した場合は成立時期によって分割回数が変わる

第8節 概算保険料の概要

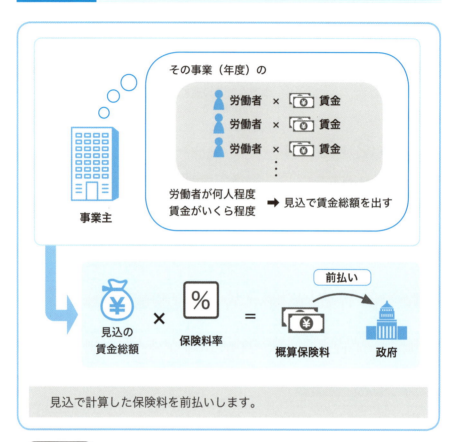

条文

　事業主は、保険年度ごとに、労働保険料を、その労働保険料の額その他厚生労働省令で定める事項を記載した申告書に添えて、その保険年度の6月1日から40日以内（保険年度の中途に保険関係が成立したものについては、当該保険関係が成立した日（保険年度の中途に承認があった事業に係る第1種特別加入保険料及び保険年度の中途に承認があった事業に係る第3種特別加入保険料に関しては、それぞれ当該承認があった日）から50日以内）に納付しなければならない（法15条）。

　当該保険年度の保険料算定基礎額の見込額が、直前の保険年度の保険料算定基礎額の100分の50以上100分の200以下である場合は、直前の保険年度の保険料算定基礎額を用いる（則24条1項）。

> 解 説

　労働保険料は、まず見込額で支払います。これを概算保険料といいます。その後、一定の時期に「確定保険料」を計算し、精算します。
　概算保険料は、原則として、その保険年度の賃金総額の見込額（1,000円未満切り捨て）×一般保険料率と計算します。ただし、2年度目以降において、新年度の見込額が前年度の賃金総額の半分以上2倍以下の範囲に収まる場合は、前年度の賃金総額を使って計算します。

> 発展学習

　遡り昇給の昇給額が未決定のまま離職した場合に、昇給するということと計算方法が決定していれば、事業主としては支払義務が確定していますから、算入すべき賃金となります。

第9節　概算保険料の納付
― 継続事業（一括有期事業を含む）の場合

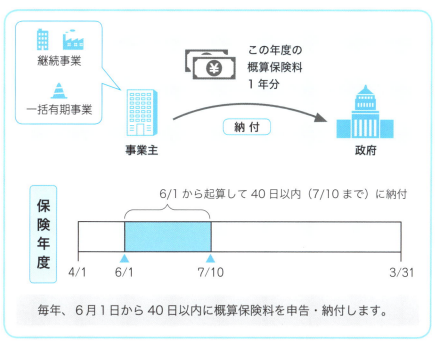

毎年、6月1日から40日以内に概算保険料を申告・納付します。

条文

事業主は、保険年度ごとに、その労働保険料の額その他厚生労働省令で定める事項を記載した申告書に添えて、その保険年度の6月1日から40日以内（保険年度の中途に保険関係が成立したものについては、当該保険関係が成立した日（保険年度の中途に承認があった事業に係る第1種特別加入保険料及び保険年度の中途に承認があった事業に係る第3種特別加入保険料に関しては、それぞれ当該承認があった日）から50日以内）に納付しなければならない（法15条1項）。

解説

労働保険料の年度更新は、以前は「4月1日から50日以内」が期限でした。今は6月1日から7月10日までの40日以内とされています。これは、健康保険・厚生年金保険適用事業所の事業主が、「報酬月額算定基礎届」（定時決定）とまとめて手続きできるようにという趣旨です。ですから一定の場合は、保険料申告書を、年金事務所を経由して提出することも可能です。

発展学習

労働保険事務組合に労働保険事務処理を委託している場合は、「年金事務所経由」の規定は対象外です。労働保険事務組合が全委託事業主の合算額で申告・納付するためであり、事業ごとの保険料申告書が存在しないのです。

第10節 概算保険料の納付 − 有期事業の場合

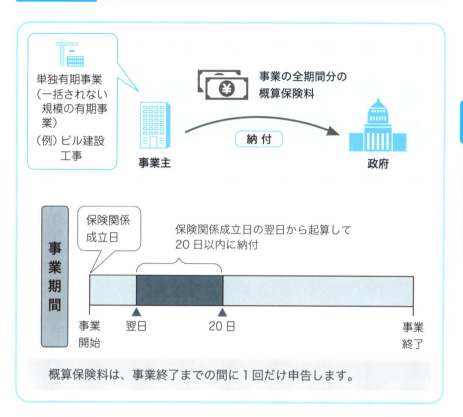

条文

有期事業の事業主は、労働保険料を、その労働保険料の額その他厚生労働省令で定める事項を記載した申告書に添えて、保険関係が成立した日（当該保険関係が成立した日の翌日以後に承認があった事業に係る第1種特別加入保険料に関しては、当該承認があった日）から20日以内に納付しなければならない（法15条2項）。

解説

ここでいう有期事業は、一括されない有期事業です。概算保険料は、保険関係成立の翌日から20日以内に申告・納付しなければなりません。例えば6月1日に保険関係が成立した場合は、概算保険料の申告・納付の期限は、6月2日から数えて20日目の6月21日となります。

📖 **発展学習**

　有期事業において、第1種特別加入者又は第2種特別加入者がいる場合は、その特別加入保険料も、20日以内に申告・納付します。これについて「第3種特別加入者」を含む試験問題があったら、誤りです。海外派遣者は、国内の派遣元事業が継続事業に限られているためです。

第11節　概算保険料の認定決定

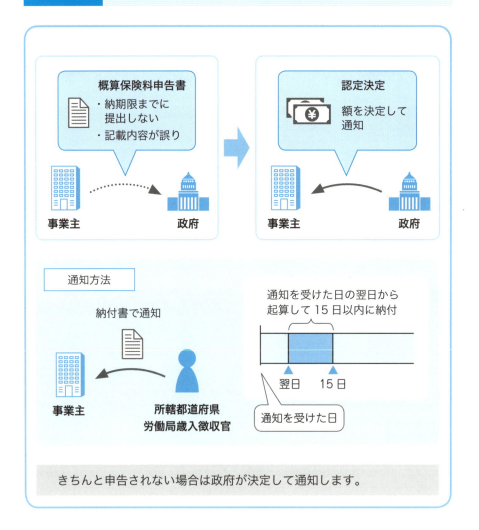

条文

政府は、事業主が概算保険料申告書を提出しないとき、又はその申告書の記載に誤りがあると認めるときは、労働保険料の額を決定し、これを事業主に通知する（法15条3項）。

前項の規定による通知を受けた事業主は、納付した労働保険料の額が同項の規定により政府の決定した労働保険料の額に足りないときはその不足額を、納付した労働保険料がないときは同項の規定により政府の決定した労働保険料を、その通知を受けた日から15日以内に納付しなければならない（法15条4項）。

解説

事業主が保険料申告書を提出しないときや、その申告に誤りがあるとき、印紙保険料の納付を怠ったときは、政府が労働保険料の額を決定し、通知します。これが「認定決定」です。概算保険料と、確定保険料・印紙保険料の違いに注意して学習しましょう。

概算保険料は納付書で通知され、追徴金はかかりません。後述の確定保険料や印紙保険料は、認定決定の場合、納入告知書で通知され、ほかに追徴金も発生します。

発展学習

認定決定された概算保険料も、通常の概算保険料と同じように、事業主が申請して延納（分割納付）することができます。

第12節 増加概算保険料

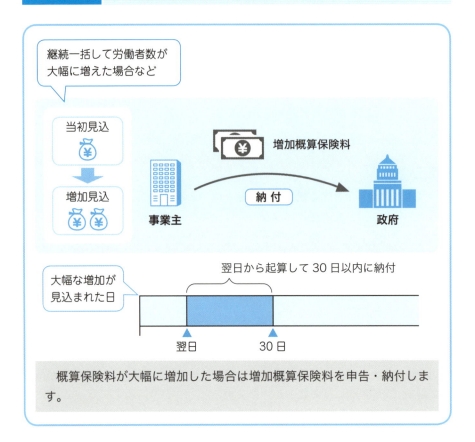

条文

　事業主は、賃金総額の見込額が増加した場合において厚生労働省令で定める要件に該当するときは、その日から30日以内に、増加後の見込額に基づく労働保険料の額と納付した労働保険料の額との差額を、その額その他厚生労働省令で定める事項を記載した申告書に添えて納付しなければならない（法16条）。

　法第16条の厚生労働省令で定める要件は、増加後の保険料算定基礎額の見込額が増加前の保険料算定基礎額の見込額の100分の200を超え、かつ、増加後の保険料算定基礎額の見込額に基づき算定した概算保険料の額と既に納付した概算保険料の額との差額が13万円以上であることとする（則25条1項）。

解　説

　継続事業の年度更新には、「新年度の賃金総額見込が直前の保険年度の賃金総額に比べて100分の50以上100分の200以下なら、直前の保険年度の賃金総額で概算保険料を計算する」というルールがあります。これに従って前年度の賃金総額を用いて概算保険料を申告・納付し、その後、保険年度の途中で100分の200を超えて増えた場合には、増加概算保険料として申告します。ただし、増加前の保険料との差額が、13万円以上であることという条件があります。

　継続事業の例で説明しましたが、増加概算保険料の規定は有期事業にも適用されます。

📖 発 展 学 習

　労災保険のみだった事業に、期間の途中で雇用保険に係る保険関係が成立することがあります。このように「一般保険料率が変更された場合」も、一定の要件に該当すれば増加概算保険料の申告が必要です。

増加概算保険料の延納

　当初の概算保険料の延納が認めれられていれば、増加概算保険料も申請によって延納ができる

増加が見込まれた日の翌日から起算して **30日** 以内

増加が見込まれた日　翌日　　　　　　　期の末日

増加概算保険料は、成立日から期の末日までが2か月以内でも1つの期として成立する（概算保険料の場合は2か月以内は次の期にまとまる）

第13節　概算保険料の追加徴収

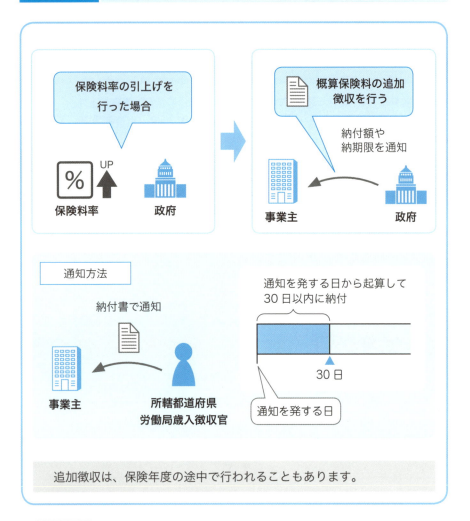

条文

　政府は、一般保険料率、第１種特別加入保険料率、第２種特別加入保険料率又は第３種特別加入保険料率の引上げを行ったときは、労働保険料を追加徴収する（法17条１項）。

　政府は、前項の規定により労働保険料を追加徴収する場合には、厚生労働省令で定めるところにより、事業主に対して、期限を指定して、その納付すべき労働保険料の額を通知しなければならない（法17条２項）。

解 説

　保険料率の引上げによる追加徴収は、金額を問わず行われます。金額は「納付書」で通知されます。例えば平成 14 年 10 月 1 日から雇用保険率が引き上げられたときは、この追加徴収が行われました。

発 展 学 習

　政府が保険料率の引下げを行ったときに、途中で還付してくれるという制度はありません。

第14節 概算保険料の延納 － 継続事業（一括有期事業を含む）の場合

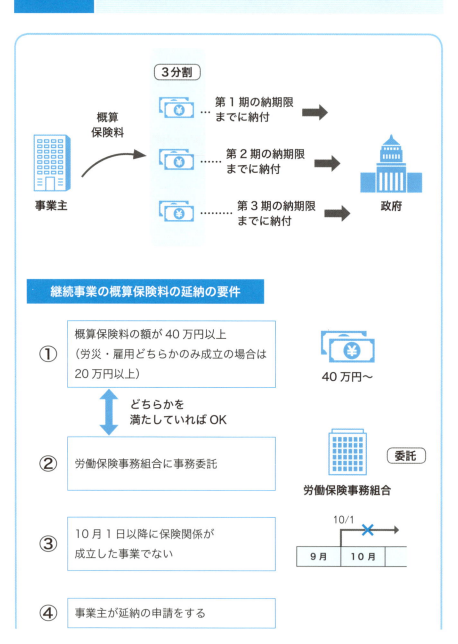

継続事業の事業主は、労働保険料を最大で3回までに分けて納付することができます。

条文

政府は、厚生労働省令で定めるところにより、事業主の申請に基づき、その者が第15条から前条までの規定により納付すべき労働保険料を延納させることができる（法18条）。

有期事業以外の事業であって納付すべき概算保険料の額が40万円（労災保険に係る保険関係又は雇用保険に係る保険関係のみが成立している事業については、20万円）以上のもの又は当該事業に係る労働保険事務の処理が労働保険事務組合に委託されているもの（当該保険年度において10月1日以降に保険関係が成立したものを除く。）についての事業主は、申告書を提出する際に延納の申請をした場合には、その概算保険料を、4月1日から7月31日まで、8月1日から11月30日まで及び12月1日から翌年3月31日までの各期（当該保険年度において、4月1日から5月31日までに保険関係が成立した事業については保険関係成立の日から7月31日までを、6月1日から9月30日までに保険関係が成立した事業については保険関係成立の日から11月30日までを最初の期とする。）に分けて納付することができる（則27条1項）。

解説

　概算保険料が 40 万円以上の場合は、事業主の申請により、1 回払いではなく分割払いにすることができます。労災保険か雇用保険、どちらか片方だけの場合は 20 万円以上です。

　労働保険事務組合に事務処理を委託している場合は、金額不問です。

　ただし、保険年度の中途で保険関係が成立した場合は、それが 10 月 1 日以降なら延納不可です。

 発展学習

　分割払いの際、1 円未満の端数は第 1 期にまとめて納付します。

概算保険料が 100 万円の場合

第 1 期	第 2 期	第 3 期
333,334 円	333,333 円	333,333 円

端数は第 1 期にのせる

第15節 概算保険料の延納 — 継続事業（一括有期事業を含む）の場合 《期の途中で保険関係が成立した事業》

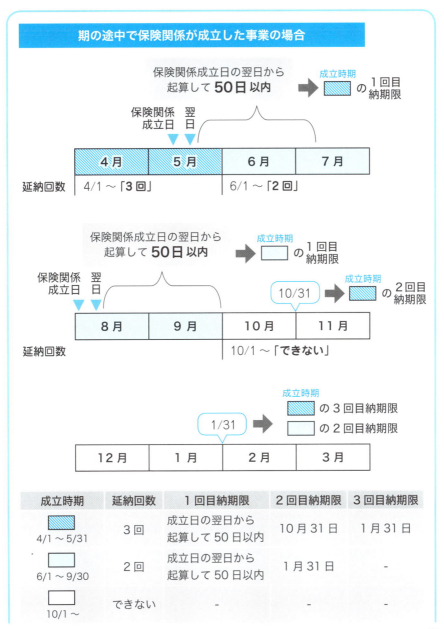

5月31日までの保険関係成立なら3分割が可能です。10月1日以降の保険関係成立は延納できません。

条文

　延納をする事業主は、その概算保険料の額を期の数で除して得た額を各期分の概算保険料として、最初の期分の概算保険料についてはその保険年度の6月1日から起算して40日以内（当該保険年度において4月1日から9月30日までに保険関係が成立したものについての最初の期分の概算保険料は、保険関係成立の日の翌日から起算して50日以内）に、8月1日から11月30日までの期分の概算保険料については10月31日（当該事業に係る労働保険事務の処理が労働保険事務組合に委託されているものについての事業主に係る概算保険料については11月14日）までに、12月1日から翌年3月31日までの期分の概算保険料については翌年1月31日（委託に係る概算保険料については翌年2月14日）までに、それぞれ納付しなければならない（則27条）。

解説

　延納は、1年間を4か月ずつ3つの期間に区切り、さらにその中を2か月に区切って考えます。

　保険関係成立日から7月31日までに2か月超えの期間がある場合は、7月31日までを独立させ、第1期とします。4月1日から5月31日までに保険関係が成立した場合が、これに当たります。

　では、6月1日に保険関係が成立すると、どうなるでしょうか。7月31日まで2か月以内なので、「2か月以内は翌期とまとめる」というルールが働きます。すると、第1期は6月1日から11月30日までとなります。

　10月1日に保険関係が成立した場合は、11月30日まで2か月以内なので、翌期とまとまり、3月31日までとなります。

発展学習

　労働保険事務組合に労働保険事務処理を委託している場合、納期限の「10月31日」「1月31日」は、それぞれ14日延長されます。

第16節 概算保険料の延納 － 有期事業の場合

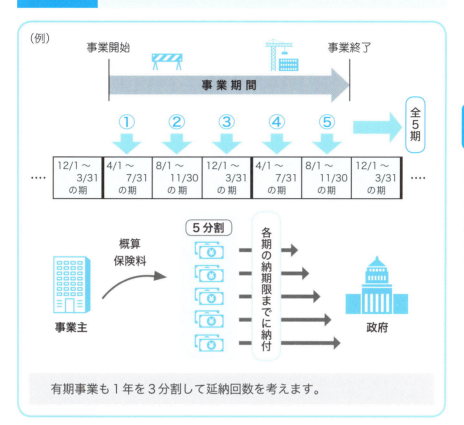

条文

有期事業であって納付すべき概算保険料の額が 75万円以上のもの又は当該事業に係る労働保険事務の処理が労働保険事務組合に委託されているもの（事業の全期間が6月以内のものを除く。）についての事業主は、法15条2項の申告書を提出する際に延納の申請をした場合には、その概算保険料を、その事業の全期間を通じて、毎年4月1日から7月31日まで、8月1日から11月30日まで及び12月1日から翌年3月31日までの各期（期の中途に保険関係が成立した事業については、保険関係成立の日からその日の属する期の末日までの期間が2月を超えるときは保険関係成立の日からその日の属する期の末日までを、2月以内のときは保険関係成立の日からその日の属する期の次の期の末日までを最初の期とする。）に分けて納付することができる（則28条1項）。

解説

有期事業の延納は、工事が何年にも及ぶことがあります。1年を3つに区切る考え方は同じです。

〔延納の要件〕
・概算保険料が75万円以上である。
　又は、労働保険事務組合に事務処理を委託している。
・事業の全期間が6月以内でない。
・事業主が延納の申請をする。

発展学習

「有期事業は労働保険事務組合に労働保険事務の処理を委託することはできない」と出題されたことがあります。延納のルールを思い出せば、誤りと見抜くことができますね。

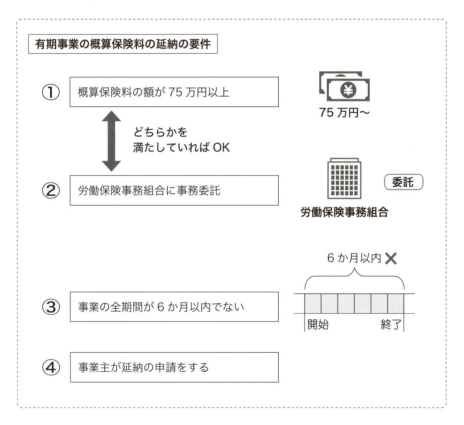

第17節 概算保険料の延納 − 有期事業の場合

≪納期限≫

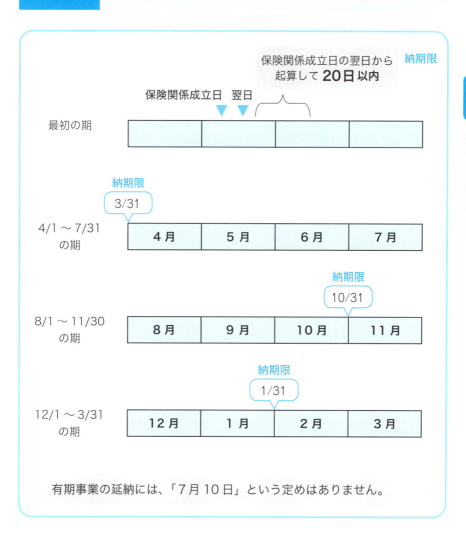

有期事業の延納には、「7月10日」という定めはありません。

条文

　延納をする事業主は、その概算保険料の額を期の数で除して得た額を各期分の概算保険料として、最初の期分の概算保険料については保険関係成立の日の翌日から起算して20日以内に、4月1日から7月31日までの期分の概算保険料については3月31日までに、8月1日から11月30日までの期分の概算保険料については10月31日までに、12月1日から翌年3月31日までの期分の概算保険料については翌年1月31日までに、それぞれ納付しなければならない（則28条2項）。

解　説

　最初の期の納期限は20日以内です。第2期目以降の納期限は、次のように規定されています。

4月1日〜7月31日の期	3月31日
8月1日〜11月30日の期	10月31日
12月1日〜3月31日の期	1月31日

発 展 学 習

　労働保険事務組合に労働保険事務処理を委託していても、14日の延長はありません。

72

第18節 概算保険料の延納 − 有期事業の場合
≪期の途中で保険関係が成立した事業の納期限≫

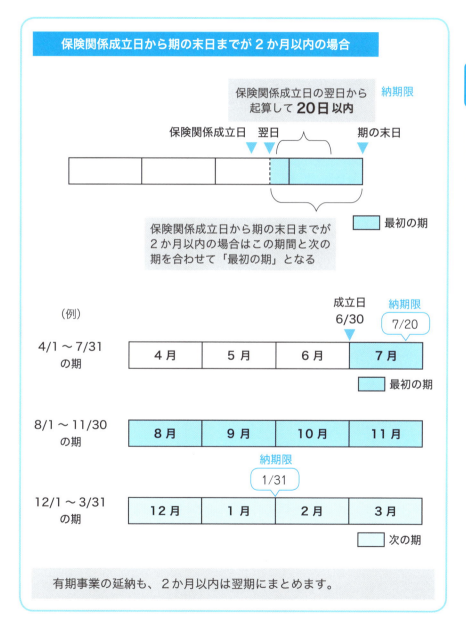

条文

　有期事業であって納付すべき概算保険料の額が 75 万円以上のもの又は当該事業に係る労働保険事務の処理が労働保険事務組合に委託されているもの（事業の全期間が 6 月以内のものを除く。）についての事業主は、法 15 条 2 項の申告書を提出する際に延納の申請をした場合には、その概算保険料を、その事業の全期間を通じて、毎年 4 月 1 日から 7 月 31 日まで、8 月 1 日から 11 月 30 日まで及び 12 月 1 日から翌年 3 月 31 日までの各期（期の中途に保険関係が成立した事業については、保険関係成立の日からその日の属する期の末日までの期間が 2 月を超えるときは保険関係成立の日からその日の属する期の末日までを、2 月以内のときは保険関係成立の日からその日の属する期の次の期の末日までを最初の期とする。）に分けて納付することができる（則 28 条 1 項）。

解説

　例えば 6 月 30 日に保険関係が成立した場合は、7 月 31 日まで 2 月以内ですから、最初の期は 6 月 30 日から 11 月 30 日までとなります。

　9 月 1 日に保険関係が成立した場合は、11 月 30 日まで 2 月を超えるため、最初の期は 9 月 1 日から 11 月 30 日までとなります。

発展学習

　問題文に「一括有期事業に該当しない有期事業」といった言葉があったら、継続事業ではなく有期事業の方で考えましょう。

第19節 確定保険料の概要①

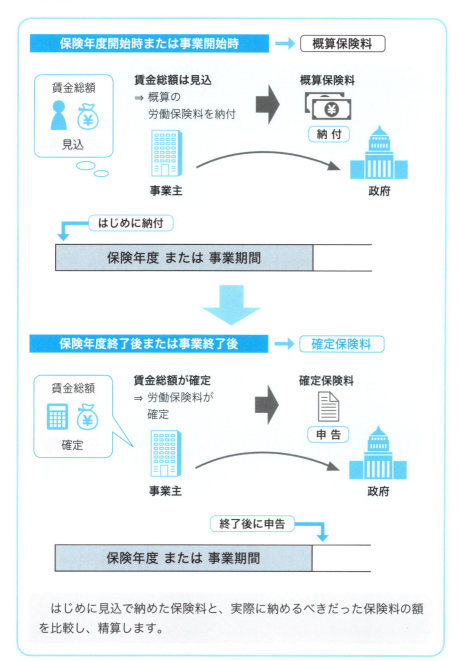

　はじめに見込で納めた保険料と、実際に納めるべきだった保険料の額を比較し、精算します。

条文

　事業主は、保険年度ごとに、次に掲げる労働保険料の額その他厚生労働省令で定める事項を記載した申告書を、次の保険年度の6月1日から40日以内（保険年度の中途に保険関係が消滅したものについては、当該保険関係が消滅した日（保険年度の中途に特別加入の承認が取り消された事業に係る第1種特別加入保険料及び保険年度の中途に特別加入の承認が取り消された事業に係る第3種特別加入保険料に関しては、それぞれ当該承認が取り消された日。）から50日以内）に提出しなければならない（法19条1項）。

　有期事業については、その事業主は、確定保険料の額その他厚生労働省令で定める事項を記載した申告書を、保険関係が消滅した日（当該保険関係が消滅した日前に特別加入の承認が取り消された事業に係る第1種特別加入保険料に関しては、当該承認が取り消された日。）から50日以内に提出しなければならない（法19条2項）。

解説

　年度更新では、その保険年度の概算保険料を申告・納付するほか、もう一つ作業があります。前年度の保険料が実際にはいくら必要だったのか、実際に支払われた賃金の総額で計算します。これが確定保険料です。それを前回の年度更新で申告して納付した概算保険料と比較し、過不足を精算します。

発展学習

　納付すべき確定保険料がない場合の確定保険料申告書は、日本銀行を経由して提出することはできません。

第20節　確定保険料の概要②

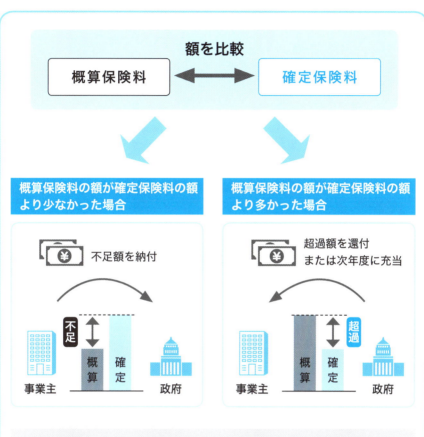

条文

事業主が納付した概算保険料の額が、確定保険料の額をこえる場合には、政府は、厚生労働省令で定めるところにより、そのこえる額を次の保険年度の労働保険料若しくは未納の労働保険料その他この法律の規定による徴収金に充当し、又は還付する（法19条5項）。

事業主が、確定保険料申告書を提出する際に、又は認定決定の通知を受けた日の翌日から起算して10日以内に、それぞれ、既に納付した概算保険料の額のうち、確定保険料の額を超える額（以下「超過額」という。）の還付を請求したときは、官署支出官又は所轄都道府県労働局資金前渡官吏は、その超過額を還付するものとする。事業主が、メリット制の規定により引き下げられた労働保険料の額についての所轄都道府県労働局歳入徴収官の通知を受けた日の翌日から起算して10日以内に差額の還付を請求したときも、同様とする（則36条）。

還付請求がない場合には、所轄都道府県労働局歳入徴収官は、超過額又はメリット制による差額を次の保険年度の概算保険料若しくは未納の労働保険料その他法の規定による徴収金又は未納の一般拠出金その他徴収金に充当するものとする（則37条）。

解説

例えば令和6年度の概算保険料が100万円で、確定保険料が95万円となった場合は、納めたものが5万円多かったということになります。このように確定保険料の方が少ないときは、納めすぎた分を還付してもらうか、還付請求がなければ新たな保険年度の分などに充当されます。還付請求がない場合には充当、という順番に注意してください。

発展学習

一般拠出金は、石綿による健康被害の救済に関する法律の規定に基づき、原則として労災保険に加入しているすべての事業主が負担しています。労働保険料の種類には含まれません。

第21節 確定保険料の申告・納付

概算保険料の額が確定保険料の額に足りない場合は納付書で不足額を納付

継続事業（一括有期事業を含む）の申告・納付期限

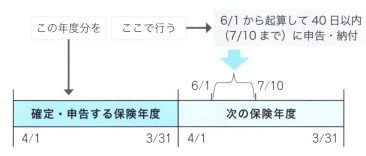

※ 年度の途中で継続事業を廃止した場合は、保険関係消滅日（事業廃止日の翌日）から起算して50日以内に申告・納付

有期事業の申告・納付期限

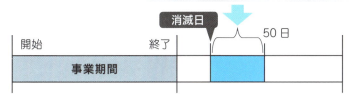

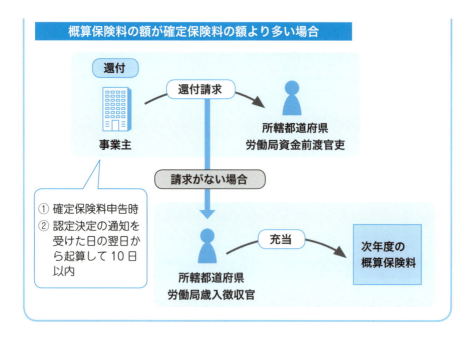

条文

　事業主は、保険年度ごとに、次に掲げる労働保険料の額その他厚生労働省令で定める事項を記載した申告書を、次の保険年度の6月1日から40日以内（保険年度の中途に保険関係が消滅したものについては、当該保険関係が消滅した日（保険年度の中途に特別加入の承認が取り消された事業に係る第1種特別加入保険料及び保険年度の中途に特別加入の承認が取り消された事業に係る第3種特別加入保険料に関しては、それぞれ当該承認が取り消された日。）から50日以内）に提出しなければならない（法19条1項）。

解説

　例えば、令和6年度の概算保険料が100万円で、確定保険料が105万円の場合には、5万円を納付しなければなりません。5万円不足していたということを、令和7年度の概算保険料と同時に申告します。この不足分は延納できないため、6月1日から7月10日までの間に全額納付することとなります。

発展学習

　一括された個々の有期事業であって保険年度の末日において終了しないものは、その保険年度の確定保険料の対象から除外されます。

第22節 確定保険料の認定決定

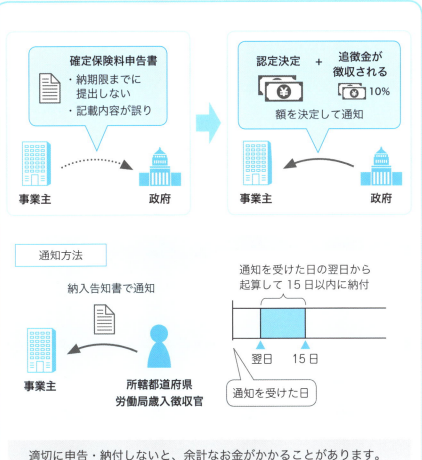

適切に申告・納付しないと、余計なお金がかかることがあります。

条文

　政府は、事業主が確定保険料申告書を提出しないとき、又はその申告書の記載に誤りがあると認めるときは、労働保険料の額を決定し、これを事業主に通知する（法19条4項）。

　前項の規定による通知を受けた事業主は、納付した労働保険料の額が政府の決定した労働保険料の額に足りないときはその不足額を、納付した労働保険料がないときは政府の決定した労働保険料を、その通知を受けた日から15日以内に納付しなければならない。ただし、厚生労働省令で定める要件に該当する場合は、この限りでない（法19条5項）。

解説

　認定決定された確定保険料は、納付書ではなく納入告知書により通知されます。また、認定決定された確定保険料には100分の10の割合の追徴金がかかります。概算保険料に対する追徴金はありません。

　「厚生労働省令で定める要件」は、現在規定されていません。

発展学習

　認定決定で還付が生じた場合は、通知を受けた日の翌日から起算して10日以内に還付請求を行います。

第23節 認定決定された確定保険料に係る追徴金

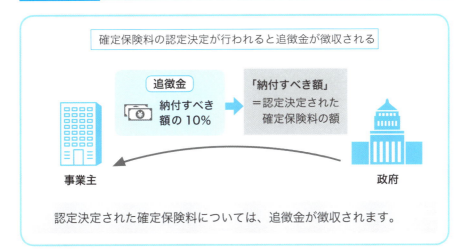

認定決定された確定保険料については、追徴金が徴収されます。

> **条文**
>
> 政府は、事業主が認定決定の規定による確定保険料又はその不足額を納付しなければならない場合には、その納付すべき額（その額に1,000円未満の端数があるときは、その端数は、切り捨てる。）に100分の10を乗じて得た額の追徴金を徴収する。ただし、事業主が天災その他やむを得ない理由により、確定保険料又はその不足額を納付しなければならなくなった場合は、この限りでない（法21条1項）。
>
> 前項の規定にかかわらず、納付すべき確定保険料又はその不足額が1,000円未満であるときは、追徴金を徴収しない（法21条2項）。

> **解説**
>
> 確定保険料の認定決定には100分の10の追徴金がかかります。「天災その他やむを得ない理由」には、法令の不知、営業の不振、資金難等はふくまれません。

第24節 認定決定された確定保険料に係る追徴金の徴収

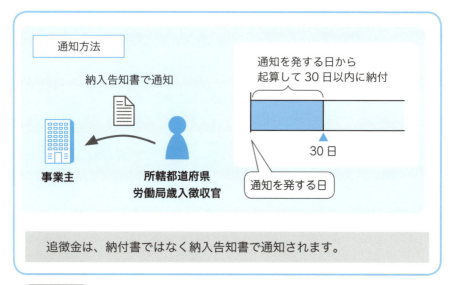

追徴金は、納付書ではなく納入告知書で通知されます。

条文

労働保険料（印紙保険料を除く。）その他法の規定による徴収金の納付は、納入告知書に係るものを除き納付書によって行なわなければならない（則38条4項）。

解説

認定決定された確定保険料に係る追徴金の納期限は、追加徴収の概算保険料と同じで、「通知を発する日から起算して30日を経過した日」です。

発展学習

納入告知書で通知されるのは、次のものに限られます。

- 認定決定の確定保険料及び追徴金
- 認定決定の印紙保険料及び追徴金
- 有期事業のメリット制による差額徴収
- 特例納付保険料

コラム

概算保険料と確定保険料

労働保険徴収法の「保険料」には、「概算保険料」と「確定保険料」という2つがあり、保険料納付の手続を難しく感じさせる一因となっています。

この2つの保険料納付手続は、始めに「概算」で保険料を払っておいて、最後に「確定」した保険料との差額を払う、もしくは還付・充当する（精算）という流れで行われます。

しかし、例えば健康保険や年金、あるいは民間の保険にしても、保険料を最初に1回払い、その後に確定精算して追加で払ったり返してもらったりなどというやり方はしません。なぜ労働保険料はこのような回りくどいことをしているのでしょうか？

まず大前提として、「保険料は前払いしなければならない」という原則があり、「保険年度」を基本単位とする労働保険料の場合は、前払いでその年度1年分の保険料を納めることになっています。

そして、労働保険料の額は、「賃金総額」×「保険料率」によって算出されることになっています。この「賃金総額」というのがポイントで、その事業において、その年度1年間で労働者に支払う賃金の総額が保険料額の算定の基礎ということになります。

しかし、当然ながら、その事業で今後1年間で労働者に支払う賃金の総額が、年度の当初にわかるわけもありません。例えば、ある会社で年度の初めに社員が10人いて、最初に10人分の労働保険料を納付したとしても、その後に社員が新たに入社したり退社したり、あるいは業績によるボーナス額の上下など、様々な要因で年間の賃金総額は変動します。

とはいっても、前払いが原則の「保険料」である限り、「年度が終了して最終的に支払った賃金の総額が確定した後に払います」というわけにはいきません。

そこで、最初は見込額で払っておいて、最後に確定精算すればよいという「概算保険料」＆「確定保険料」の2段階方式となっています。ただし、あまりに増額が多い変動が起きた場合（2倍を超えかつ13万

第3章 労働保険料の納付手続等

円以上の増額）は、年度の途中でも納めてくださいということになっています（増加概算保険料）。

　イメージとしては、「概算保険料」と「確定保険料」というものがそれぞれあって、それを1回ずつ納付するというのではなく、保険料納付としては「概算保険料」の納付がメインであり、「確定保険料」というのは最後に誤差を計るための計算上の数字であって、そこで実際に動くお金としては「差額分のみ」と考えると実体に近いといえます。

　また、「概算保険料」＆「確定保険料」の2段階方式は、前年度確定保険料の精算と当年度概算保険料の納付を同時に行う「年度更新」という仕組みによって年度をまたいで接続されることで、手続が1度で済む事実上の1回方式となっています。

第4章

メリット制

第1節　メリット制 ……………………………………………… 88

第2節　継続事業（一括有期事業を含む）のメリット制の
　　　　事業規模と継続性 ……………………………………… 89

第3節　収支率 …………………………………………………… 91

第4節　メリット制の適用効果 ………………………………… 93

第5節　単独有期事業のメリット制 …………………………… 95

第1節　メリット制

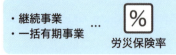

労災保険の利用と保険料の決定を連動させることにより、事業主の災害防止努力を促進する仕組みです。

条文

　厚生労働大臣は、一定の要件に該当する継続事業について、労災保険率から非業務災害率を減じた率を100分の40の範囲内において厚生労働省令で定める率だけ引き上げ又は引き下げた率に非業務災害率を加えた率を、当該事業についての基準日の属する保険年度の次の次の保険年度の労災保険率とすることができる（法12条3項）。

　労災保険に係る保険関係が成立している有期事業であって厚生労働省令で定めるものが一定の要件に該当する場合には、政府は、その事業の一般保険料に係る確定保険料の額をその額から非業務災害率に応ずる部分の額を減じた額に100分の40の範囲内において厚生労働省令で定める率を乗じて得た額だけ引き上げ又は引き下げて得た額を、その事業についての一般保険料の額とすることができる（法20条1項）。

解説

　継続事業の労災保険率は、事故の多寡により上げ下げされる場合があります。メリット制と呼ばれる仕組みです。

　単独有期事業（一括されない有期事業）は、確定保険料の額を上げ下げします。

　メリット制に関する条文は非常に長く、読み取りづらいので、要点を分けて紹介します。

発展学習

　メリット制は災害防止努力を促すものですから、雇用保険率には関係がありません。

第2節 継続事業（一括有期事業を含む）のメリット制の事業規模と継続性

事業規模 … 下記のいずれかに該当する事業が対象

① 100人以上の労働者を使用する事業　労働者 × 100人以上

② 20人以上100人未満の労働者を使用する事業で災害度係数が0.4以上のもの　労働者 × 20人以上100人未満

③ 一括有期事業で各保険年度の確定保険料が40万円以上　一括有期事業　確定保険料40万円以上

継続性 … 3保険年度の「収支率」で判断

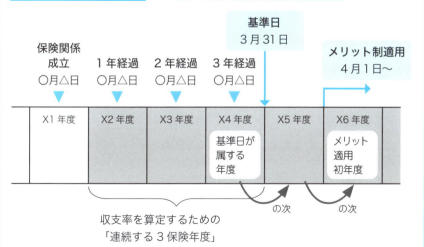

継続事業のメリット制の適用は、3年間の成績をもとに決定されます。

条文

連続する3保険年度中の各保険年度において次の各号のいずれかに該当する事業であって当該連続する3保険年度中の最後の保険年度に属する3月31日（以下「基準日」という。）において労災保険に係る保険関係が成立した後3年以上経過したものについての当該連続する3保険年度の間における収支率が100分の85を超え、又は100分の75以下である場合には、当該事業についての労災保険率から非業務災害率を減じた率を100分の40の範囲内において厚生労働省令で定める率だけ引き上げ又は引き下げた率に非業務災害率を加えた率を、当該事業についての基準日の属する保険年度の次の次の保険年度の労災保険率とすることができる。

一　100人以上の労働者を使用する事業

二　20人以上100人未満の労働者を使用する事業であって、当該労働者の数に当該事業と同種の事業に係る労災保険率から非業務災害率を減じた率を乗じて得た数が厚生労働省令で定める数（0.4）以上であるもの

三　前二号に掲げる事業のほか、厚生労働省令で定める規模の事業

（法12条3項）

法第12条第3項第3号の厚生労働省令で定める規模は、建設の事業及び立木の伐採の事業について当該保険年度の確定保険料の額が40万円以上であることとする（則17条3項）。

解説

継続事業のメリット制は、3保険年度の成績を見て判断されます。「基準日の属する年度の次の次の保険年度」という言葉が重要です。3年度分のデータを得て、4年度目（次の保険年度）の中で判断します。そうするとどうしても、5年度目（次の次の保険年度）が最速で、そこからの適用となります。

発展学習

一括有期事業は、継続事業と同じように保険年度で考えますから、継続事業のメリット制の対象です。

第3節 収支率

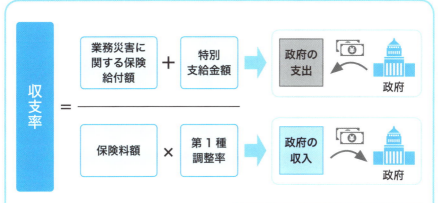

支給した保険給付や特別支給金と、事業主が支払った保険料額などに基づいて、成績を判断します。

> **条文**
> 収支率は、労災保険法の規定による業務災害に関する保険給付（遺族補償一時金、特定疾病にかかった者に係る保険給付及び第3種特別加入者に係る保険給付を除く。）の額に特別支給金の額を加えた額と一般保険料の額から非業務災害率に応ずる部分の額を減じた額に第1種特別加入保険料の額から特別加入非業務災害率に応ずる部分の額を減じた額を加えた額に業務災害に関する年金たる保険給付に要する費用、特定疾病にかかった者に係る保険給付に要する費用その他の事情を考慮して厚生労働省令で定める率（「第1種調整率」という。）を乗じて得た額との割合による（法12条3項）。

解説

メリット制を適用するかどうかを決める収支率を算出するにあたり、次のものや、これらに対応する特別支給金は除かれます。

> ・遺族補償一時金
> ・特定疾病にかかった者に対する保険給付
> ・第3種特別加入者（海外派遣者）に対する保険給付
> （ここでは条文を省略するが、ほかに障害補償年金差額一時金も除かれる）

発展学習

収支率の算定から除かれる「特定疾病」に係る事業の種類は、次のとおりです。

> ・港湾貨物取扱事業
> ・港湾荷役業
> ・林業
> ・建設の事業

第4節 メリット制の適用効果

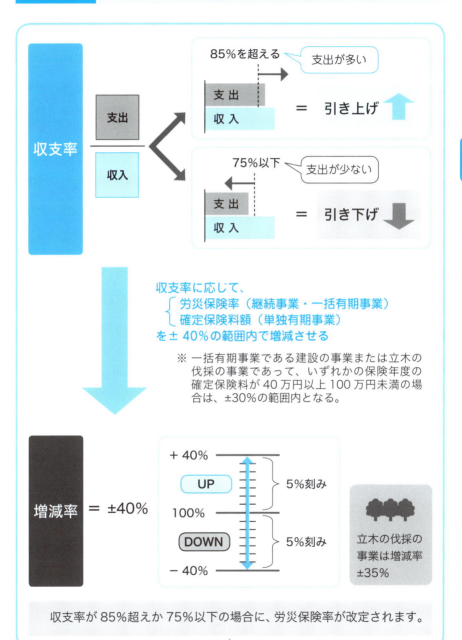

条文

連続する3保険年度中の各保険年度において一定の要件に該当する事業であって当該連続する3保険年度中の最後の保険年度に属する3月31日（以下「基準日」という。）において労災保険に係る保険関係が成立した後3年以上経過したものについての当該連続する3保険年度の間における収支率が100分の85を超え、又は100分の75以下である場合には、当該事業についての労災保険率から非業務災害率を減じた率を100分の40の範囲内において厚生労働省令で定める率だけ引き上げ又は引き下げた率に非業務災害率を加えた率を、当該事業についての基準日の属する保険年度の次の次の保険年度の労災保険率とすることができる（法12条3項）。

解説

収支率を算出した結果、政府の収入に対し、保険給付等の「支出」が85％超えとなった場合は、「もっとお金をくださいね」ということになります。そこで、労災保険率が5％刻みで引き上げられます。

政府の収入に対し、支出が少なければ、「よく頑張りました」ということで、労災保険率が5％刻みで引き下げられます。

発展学習

継続事業のメリット制は自動的に計算されて適用されます。増減幅が広がる特例（特例メリット制）もありますが、それは所定の期間内に申告しなければなりません。

第5節 単独有期事業のメリット制

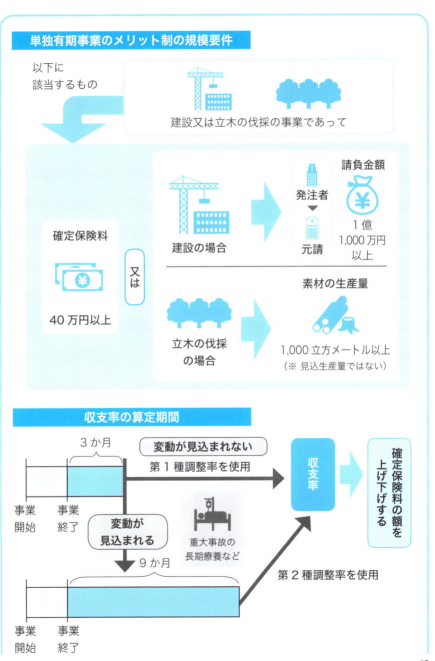

単独有期事業にメリット制が適用されるのは、事業終了後です。

条文

労災保険に係る保険関係が成立している有期事業であって厚生労働省令で定めるものが一定の要件に該当する場合には、政府は、その事業の一般保険料に係る確定保険料の額をその額から非業務災害率に応ずる部分の額を減じた額に100分の40の範囲内において厚生労働省令で定める率を乗じて得た額だけ引き上げ又は引き下げて得た額を、その事業についての一般保険料の額とすることができる（法20条1項）。

解説

単独有期事業の収支率の算定方法には二通りあります。

原則として、事業が開始した日から、事業終了後3か月を経過した日前の期間で算定します。

しかし、3か月経過日以後にも保険給付が行われるような場合は、事業終了後9か月を経過した日前までの期間で判断します。

発展学習

単独有期事業のメリット制にも規模要件があります。

確定保険料の額が40万円以上であること

又は

建設の事業は請負金額が1億1,000万円以上であること
立木の伐採の事業は素材の生産量が1,000立方メートル以上であること

第5章

印紙保険料

第1節	印紙保険料の納付 ·· 98
第2節	雇用保険印紙の購入 ··· 100
第3節	印紙保険料の認定決定 ··· 101
第4節	認定決定された印紙保険料に係る追徴金 ········ 102

第1節　印紙保険料の納付

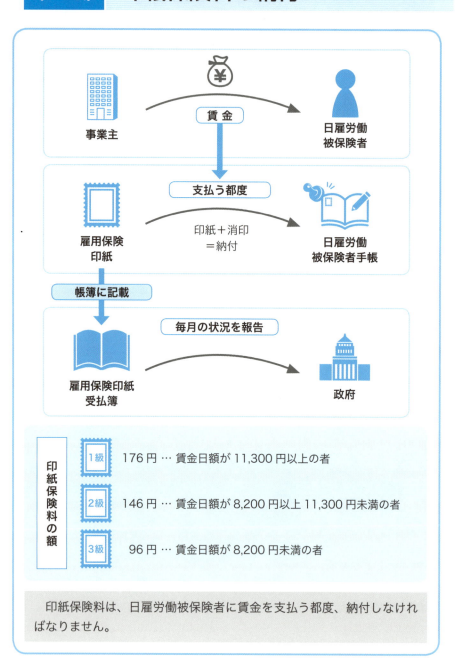

印紙保険料は、日雇労働被保険者に賃金を支払う都度、納付しなければなりません。

条文

　事業主は、日雇労働被保険者に賃金を支払う都度その者に係る印紙保険料を納付しなければならない（法23条1項）。前項の規定による印紙保険料の納付は、事業主が、当該日雇労働被保険者に交付された日雇労働被保険者手帳に雇用保険印紙をはり、これに消印して行わなければならない（法23条2項）。

　事業主は、日雇労働被保険者を使用した場合には、厚生労働省令で定めるところにより、印紙保険料の納付に関する帳簿を備えて、毎月におけるその納付状況を記載し、かつ、翌月末日までに当該納付状況を政府に報告しなければならない（法24条）。

解説

　日雇労働被保険者は、日雇労働被保険者手帳に印紙をため、その日数によって、雇用保険から日雇労働求職者給付金を受給します。第1級給付金は7,500円にもなります。お金に換えられるわけですから、雇用保険印紙の管理は厳重にしなければなりません。政府への報告も義務づけられています。

　なお、印紙保険料納付計器による納付方法もあります。

発展学習

　事業主は、日雇労働被保険者を使用する場合には、その者の日雇労働被保険者手帳を提出させなければなりません。また、提出を受けた日雇労働被保険者手帳は、その者から請求があったときは返還しなければなりません。

第2節　雇用保険印紙の購入

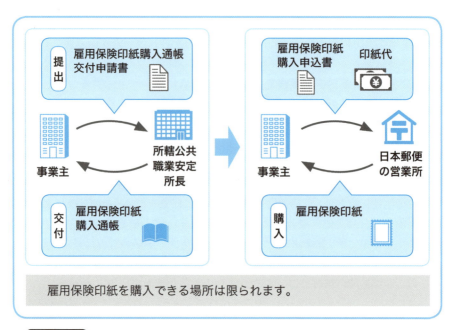

雇用保険印紙を購入できる場所は限られます。

> **条文**
>
> 　事業主は、雇用保険印紙を購入しようとするときは、あらかじめ、所定の事項を記載した申請書を所轄公共職業安定所長に提出して、雇用保険印紙購入通帳の交付を受けなければならない（則42条1項）。
> 　雇用保険印紙は第1級、第2級及び第3級の三種とし、総務大臣が厚生労働大臣に協議して定める日本郵便株式会社の営業所（郵便の業務を行うものに限る。）においてこれを販売するものとする（則41条1項）。

解説

　事業主は郵便局で雇用保険印紙を購入しますが、その前に、雇用保険印紙購入通帳の交付を受けなければなりません。通帳を交付するのは所轄公共職業安定所長です。この通帳は、交付日の属する保険年度に限り有効です。

発展学習

　事業主は、雇用保険印紙を譲り渡し、又は譲り受けてはなりません。また、事業主その他正当な権限を有する者を除いては、何人も消印を受けない雇用保険印紙を所持してはなりません。

第3節　印紙保険料の認定決定

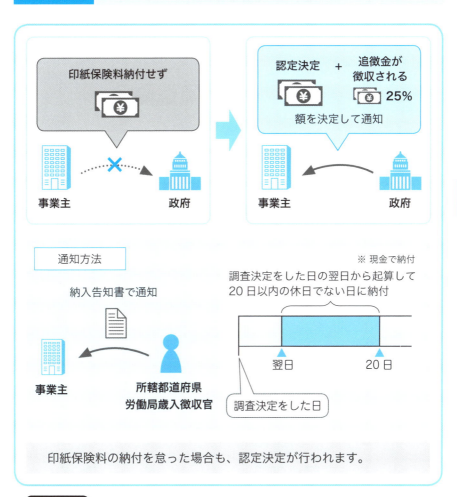

条文

事業主が印紙保険料の納付を怠った場合には、政府は、その納付すべき印紙保険料の額を決定し、これを事業主に通知する（法25条1項）。

解説

認定決定された印紙保険料は、納入告知書で通知されます。納付書ではありません。

納期限は、調査決定をした日から20日以内（翌日起算）です。

📖 **発展学習**

雇用保険印紙によることはできず、現金で納付します。

第4節 認定決定された印紙保険料に係る追徴金

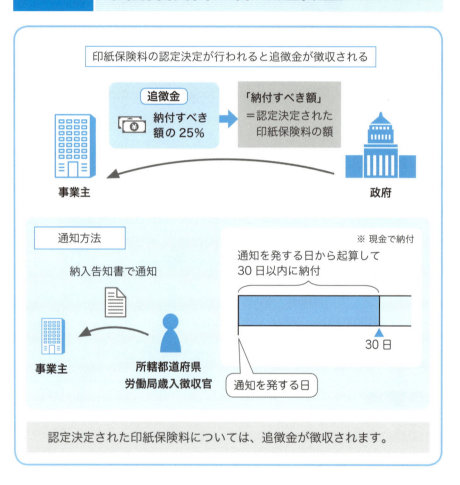

条文

　事業主が、正当な理由がないと認められるにもかかわらず、印紙保険料の納付を怠ったときは、政府は、厚生労働省令で定めるところにより、前項の規定により決定された印紙保険料の額（その額に1,000円未満の端数があるときは、その端数は、切り捨てる。）の100分の25に相当する額の追徴金を徴収する。ただし、納付を怠った印紙保険料の額が1,000円未満であるときは、この限りでない（法25条2項）。

解説

　認定決定の確定保険料には100分の10、認定決定の印紙保険料には100分の25の割合の追徴金がかかります。

　印紙保険料の追徴金について、法25条の「正当な理由」には、事業主の個人的事情によるものは含まれません。

発展学習

　印紙保険料に係る追徴金も、雇用保険印紙によることはできず、現金で納付します。

第6章

労働保険事務組合

第1節	労働保険事務組合 ·································	106
第2節	労働保険事務組合の認可 ····················	107
第3節	委託等の届出 ·································	108
第4節	業務の廃止 ····································	109
第5節	労働保険事務組合に対する通知 ············	111
第6節	帳簿の備付 ····································	112
第7節	報奨金 ···	114

第1節 労働保険事務組合

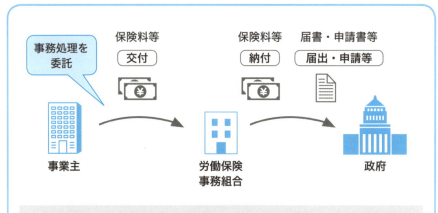

中小事業主の事務の負担を軽減し、保険料を効率的に徴収するため、政府との間に立って取りまとめる制度です。

条文

　中小企業等協同組合法第3条の事業協同組合又は協同組合連合会その他の事業主の団体又はその連合団体（法人でない団体又は連合団体であって代表者の定めがないものを除く。以下同じ。）は、団体の構成員又は連合団体を構成する団体の構成員である事業主その他厚生労働省令で定める事業主（厚生労働省令で定める数を超える数の労働者を使用する事業主を除く。）の委託を受けて、これらの者が行うべき労働保険料の納付その他の労働保険に関する事項（印紙保険料に関する事項を除く。以下「労働保険事務」という。）を処理することができる（法33条1項）。

解説

　労働保険事務組合は、委託事業主の労働保険料等をまとめて預かり、政府に納付します。労災保険・雇用保険が未適用の事業に対する加入促進なども行っています。多くの社労士受験生の方にはとっつきにくい制度ですが、例えば商工会議所が事業の一環として行っていることがあります。また、都道府県社労士会が設けているSRセンターには、会員である社労士を通して委託が可能です。

発展学習

委託できる事業主には、業種・規模の要件があります。

業種	労働者数
金融業、保険業、不動産業、小売業	常時50人以下
卸売業、サービス業	常時100人以下
その他の業種	常時300人以下

第2節　労働保険事務組合の認可

既存の事業主団体等が、新たに「労働保険事務処理の業務」も行うことについて、申請して認可を受けます。

条文

事業主の団体又はその連合団体は、労働保険事務処理の業務を行なおうとするときは、厚生労働大臣の認可を受けなければならない（法33条2項）。
労働保険事務組合の認可を受けようとする事業主の団体又はその連合団体は、所定の事項を記載した申請書をその主たる事務所の所在地を管轄する都道府県労働局長に提出しなければならない（則63条1項）。

解説

労働保険事務組合は、何もなかったところから突然出現するわけではありません。本来の事業目的をもって活動してきた運営実績が2年以上あり、相当の財産を有することなどが認可基準となります。委託を予定している事業主が30以上あること等も必要です。

発展学習

次の労働保険事務処理は、労働保険事務組合に委託することはできません。

・印紙保険料に関する事項
・保険給付に関する請求書等の事務手続
・雇用保険二事業に係る事務手続

第3節　委託等の届出

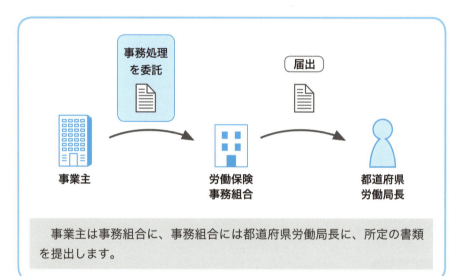

事業主は事務組合に、事務組合には都道府県労働局長に、所定の書類を提出します。

条文

労働保険事務組合は、労働保険事務の処理の委託があったときは、遅滞なく、所定の事項を記載した届書を、その主たる事務所の所在地を管轄する都道府県労働局長に提出しなければならない（則64条1項）。

解説

事業主は労働保険事務組合に対し、「労働保険事務等委託書」を提出します。労働保険事務組合は、都道府県労働局長に、「労働保険事務等処理委託届」を提出します。

さらに、労働保険事務組合は、「労働保険事務等処理委託事業主名簿」に所定の事項を記載します。
なお「労働保険事務等」の「等」の意味は、一般拠出金の徴収・納付も行えるということです。

発展学習

労働保険事務組合は、労働保険事務の処理の委託の解除があったときは、遅滞なく、所定の事項を記載した届書を、その主たる事務所の所在地を管轄する都道府県労働局長に提出しなければなりません。

第4節 業務の廃止

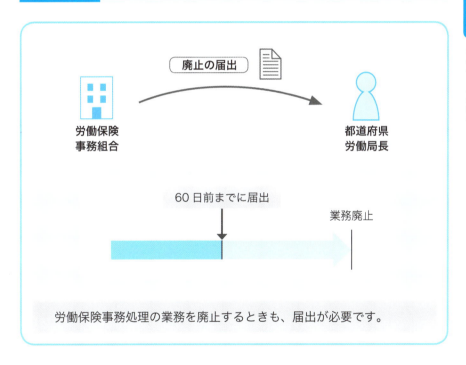

労働保険事務処理の業務を廃止するときも、届出が必要です。

条文

労働保険事務組合は、労働保険事務処理の業務を廃止しようとするときは、60日前までに、その旨を厚生労働大臣に届け出なければならない（法33条3項）。

法第33条第3項の届出は、届書を労働保険事務組合の主たる事務所の所在地を管轄する都道府県労働局長に提出することによって行わなければならない（則66条）。

解説

業務廃止の届出について、受理の権限は都道府県労働局長に委任されています。

発展学習

労働保険事務組合の認可を受けた団体等について組織変更があり、①従来法人格のない団体であったものが従来と異なる法人格のない団体若しくは法人となった場合又は②従来法人であったものが法人格のない団体若しくは従来と異なる法人となった場合であって、その後も引き続いて事務組合としての業務を行おうとするときは、旧事務組合についての業務を廃止する旨の届を提出するとともに、あらためて認可を受けなければなりません。

第5節 労働保険事務組合に対する通知

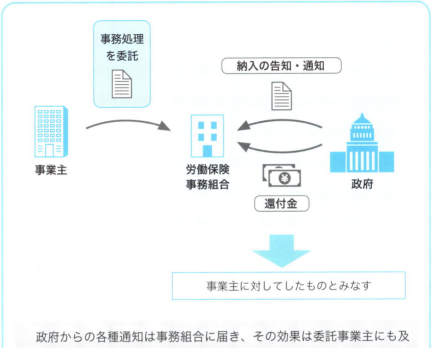

政府からの各種通知は事務組合に届き、その効果は委託事業主にも及びます。

条文

政府は、労働保険事務組合に労働保険事務の処理を委託した事業主に対してすべき労働保険関係法令の規定による労働保険料の納入の告知その他の通知及び還付金の還付については、これを労働保険事務組合に対してすることができる。この場合において、労働保険事務組合に対してした労働保険料の納入の告知その他の通知及び還付金の還付は、当該事業主に対してしたものとみなす（法34条）。

解説

通知の効果は、委託事業主と事務組合との間の委託契約の内容のいかんにかかわらず、法律上当然に委託事業主に及びます。

発展学習

労働保険事務組合の責任等（法35条）

① 事業主が労働保険関係法令の規定による労働保険料その他の徴収金の納付のため、金銭を労働保険事務組合に交付したときは、その金額の限度で、労働保険事務組合は、政府に対して当該徴収金の納付の責めに任ずるものとする。
② 労働保険関係法令の規定により政府が追徴金又は延滞金を徴収する場合において、その徴収について労働保険事務組合の責めに帰すべき理由があるときは、その限度で、労働保険事務組合は、政府に対して当該徴収金の納付の責めに任ずるものとする。
③ 政府は、①②の規定により労働保険事務組合が納付すべき徴収金については、当該労働保険事務組合に対して滞納処分をしてもなお徴収すべき残余がある場合に限り、その残余の額を当該事業主から徴収することができる。

第6節 帳簿の備付

労働保険事務組合

帳簿

帳簿を備えておかなければならない

帳簿の保存期間	労働保険事務等処理委託事業主名簿	3年間
	労働保険料等徴収及び納付簿	3年間
	雇用保険被保険者関係届出事務等処理簿	4年間

労働保険事務組合は、労働保険事務に関する事項を記載した帳簿を事務所に備えつけておかなければなりません。

条文

労働保険事務組合は、厚生労働省令で定めるところにより、その処理する労働保険事務に関する事項を記載した帳簿を事務所に備えておかなければならない（法36条）。

解説

労働保険事務組合は労働保険事務を代行する立場ですが、一定の場合は労働保険料等の徴収金の納付の責めを自ら負う立場でもあります。事業主に不安を与えないよう、また、労働保険制度の運営に支障を与えないように、一定の帳簿の備付けが義務づけられています。

発展学習

帳簿を備えていなかった場合や虚偽の記載をした場合の罰則として、「6月以下の懲役又は30万円以下の罰金」が規定されています。

第7節　報奨金

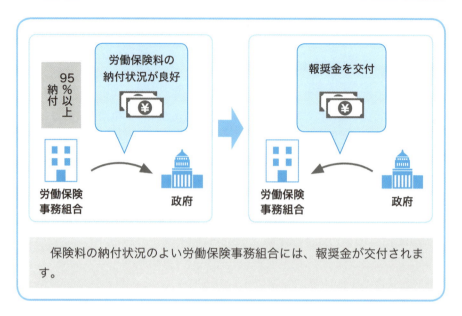

保険料の納付状況のよい労働保険事務組合には、報奨金が交付されます。

条文

政府は、当分の間、政令で定めるところにより、労働保険事務組合が納付すべき労働保険料が督促することなく完納されたとき、その他その納付の状況が著しく良好であると認めるときは、当該労働保険事務組合に対して、予算の範囲内で、報奨金を交付することができる（整備法23条）。

解説

労働保険料に係る報奨金の額は、労働保険事務組合ごとに、次のいずれか低い額です。
① 1,000万円
② 委託を受けて納付した前年度の労働保険料の額×100分の2＋厚生労働省令で定める額

発展学習

労働保険料の納付状況の判断は、常時15人以下の労働者を使用する事業について行います。

コラム

労働保険事務組合とは？

　労働保険事務組合は、一定の要件に該当する団体等が厚生労働大臣の認可を受けて、30以上の事業主の委託を受け、労働保険事務を行うというものです。労働保険料等を確実に徴収するために設けられた、事業主から政府への中継点と考えるとよいでしょう。納付状況が良好な労働保険事務組合には、報奨金というご褒美があります。

　労働保険事務組合は、イメージしにくいために試験勉強でもてこずる部分かと思います。商工会議所が設けていると聞けば、わかりやすいでしょう。また、コツコツ顧客を増やした社労士が、それを母体に労働保険事務組合を立ち上げる例もあります。

　責任が非常に重いため、実際に自分で立ち上げるのは大変ですが、社労士の資格を取って労働保険事務組合にお勤めするという選択もあります。政府に納付するお金を預かる立場ですから、正確な知識を有する者を配置し、厳格に運営しなくてはならないのです。

　これに関して、労働保険事務組合の認可基準（抜粋）を眺めてみましょう。

① 　団体等が法人であるか否かは問わないが、<u>法人でない団体等にあっては、代表者の定めがあること</u>のほか、団体等の事業内容、構成員の範囲、その他団体等の組織、運営方法（総会、執行機関、財産の管理運営方法など）等が定款、規約等その団体等の基本となる規則において明確に定められ、<u>団体性が明確</u>であること。

② 　団体等は団体等として本来の目的をもって活動し、その<u>運営実績が2年以上あること</u>。→ このため総会等の議決機関によって承認された2年間にわたる事業報告及び収支決算の提出を求め、団体等が事業目的に沿って過去2年間適正な事業運営を行ってきたかどうかについて判断することとされている。

③ 　団体等は<u>相当の財産を有し、事務組合の責任を負うことができる</u>ものであること。→ 相当な財産を有するかどうかについては、不動産を有する団体等にあっては登記事項証明書等の提出を求め、その他の資産（預金等）を有する団体等にあってはそれを証明する書類（預金証書等）の提出を求めた上、判断する。法人でない団体等

第6章

労働保険事務組合

115

にあっては、当該団体等の保有する財産について前述により判断するほか、役員及び労働保険事務を総括する者の財産の保有状況を証する書類並びに役員による労働保険料等の納付誓約書の提出を求めた上、判断する。

④ 労働保険事務を確実に行う能力を有する者を配置し、労働保険事務を適切に処理できるような事務処理体制が確立されていること（被保険者に関する届の提出等の事務処理については、公共職業安定所の管轄区域ごとに行う能力があること）。→「労働保険事務組合の処理を確実に行う能力を有する者」とは、例えば、社会保険労務士その他労働関係法令に精通していると認められる者をいう。

また、労働保険事務を適切に処理できるような事務処理体制とは、かかる者が当該団体等の役職員として実際に労働保険事務に携わることが予定されている場合をいう。

なお、労働保険事務をあらかじめ第三者に再委託することを予定している事務組合の認可は認めない。

⑤ 労働保険料等は、労働保険事務の処理に要する経費及び母体団体の運営費と区分して経理しなければならない。

⑥ 事務組合は、毎年1回、母体団体の総会等の議決機関において、労働保険料等の徴収・納付状況を報告しなければならない。

　さて、労働保険事務組合は、労働保険料等のお金を預かりますが、その計算の基礎となる賃金総額等は、事業主から教えてもらわなければわかりません。そこで事業主は「算定基礎賃金等の報告」を作成し、事務組合に提出します。これは月別の賃金総額と人数を記入するもので、左側には労災保険の対象者について、常用、役員、臨時労働者（パート、アルバイト等）の区分ごとの数字と合計を記入します。雇用保険の被保険者についても、役員で被保険者扱いの者については記入欄が分かれています。

　この算定基礎賃金等の報告には、新年度の概算保険料を一括納付するか分割納付するかを選択する欄や、特別加入者が新年度に希望する給付基礎日額を記入する欄もあります。

　事務組合は、これらの情報を元にして労働保険料等を計算します。計算は、まとめて請け負っている業者に依頼することもできますが、依頼せず事務組合の中で行うこともちろん可能です。

　確定保険料の金額が分かると、払い過ぎがある場合は還付請求の意思

があるかを事業主に確認し、なければ新年度の分に充当します。これを含めた各期の納付額を事業主に通知し、事業主はそれを見て、事務組合にお金を預けます。

事業主から事務組合に対して、口座振替で労働保険料等を預ける場合は、指定の日に事務組合の口座に入金されたかどうかを確認しなくてはなりません。入金されていなければ督促します。

口座振替は、事業主が事務組合に支払う会費や、「労保連労働災害保険」の掛金についても、まとめて行うことができます。しかしこれらは「労働保険料」でもなく「一般拠出金」でもありませんから、労働保険料・一般拠出金を管理する「特別会計」から、「一般会計」の口座へ移しておく必要があります。

労保連労働災害保険とは、全国労働保険事務組合連合会が実施している事業です。国の労災保険を受けた時に、上乗せして支給されます。例えば、業務災害で療養のため労働できず賃金を受けない場合は、休業補償給付と休業特別支給金を合わせて、労災保険から給付基礎日額の８割が支給されます。労保連労働災害保険の休業保険金があるタイプに加入すれば、残りの２割が保険金で支払われます。

この労保連労働災害保険についても、年度更新の時期に、事務組合から事業主に対して、契約内容の変更の有無を確認します。

そのほか、特別加入している証明書がほしいという事業主に対して証書を発行するなど、事務組合特有の作業がいろいろとあります。先ほど認可基準の抜粋で見たように、毎年の総会での報告も非常に重要です。

継続事業（一括有期事業を含みます）の場合、７月10日までに国への申告を済ませなければならないことは、事務組合も同じです。「委託事業主名簿」や、保険料申告書などを提出します。保険料申告書には合算した金額しか載りませんから、事業ごとの詳細が書かれた「申告書内訳」という書類も加わります。

期日までに申告と第１期の納付を済ませても、事務組合にはまだまだ作業があります。第１期の領収書を事業主に発行したり、報奨金交付申請書を10月15日までに都道府県労働局長に提出したりします。

第２期、第３期の納付額の通知や督促を委託事業主に対して行うのも、国ではなく事務組合です。第１期と同様に、無事に全額が予定の日に集まれば問題はありませんが、入金が遅れている事業があればすぐに連絡します。

ここまで見てきたお金の流れの前提として、どの事業がどの事務組合に委託しているか、書類上明確にしておく必要があります。このため、事業主と事務組合との間では「労働保険事務等委託書」を取り交わします。事務組合は「労働保険事務等処理委託届」を提出し、これによって都道府県労働局徴収課の担当者が、委託の事実を把握します。都道府県労働局徴収課は、事務組合が適切に処理をしているかを、定期的に調査にやってきます。

　もうひとつ、事務組合の重要な業務を紹介します。それは、未適用事業の加入促進です。労働保険に加入していない事業の実態を確認し、加入すべきなのに加入していない場合は加入の勧奨を行います。これは、労災保険法で学習する「事業主からの費用徴収」に関わる話です。

> 　政府は、故意又は重大な過失により保険関係成立届を提出していない期間中に生じた事故については、その保険給付に要した費用の全部又は一部を事業主から徴収することができる（徴収法31条）。

> 【故意に該当する場合とは】
> ・事業主が、所轄局、所轄署又は所轄所から保険手続に関する指導を受けたにもかかわらず、10日以内に保険関係成立届を提出していなかった場合。
> ・事業主が、当該事故に係る事業に関し、厚生労働省労働基準局長の委託する労働保険適用促進業務を行う全国労働保険事務組合連合会の支部である都道府県労働保険事務組合連合会（以下「都道府県労保連」という）又は同業務を行う都道府県労保連の会員である労働保険事務組合から、保険関係成立届の提出ほか所定の手続をとるよう勧奨（「加入勧奨」という）を受けたにもかかわらず、10日以内に保険関係成立届を提出していなかった場合。

> 「故意」と認定される場合には、事業主からの徴収金の額は保険給付の額の100％となる。

　事業主からの費用徴収は労災保険法の重要出題事項です。これを機に、復習しておいてください。

第7章

督促、労働保険料の負担、雑則等

第1節	督促及び滞納処分	120
第2節	労働保険料の負担	122
第3節	労働保険料の負担　雇用保険分のみの場合	124
第4節	賃金からの控除	126
第5節	時効	127
第6節	罰則	128
第7節	口座振替による納付	130
第8節	不服申立て	132
第9節	代理人	134

第1節 督促及び滞納処分

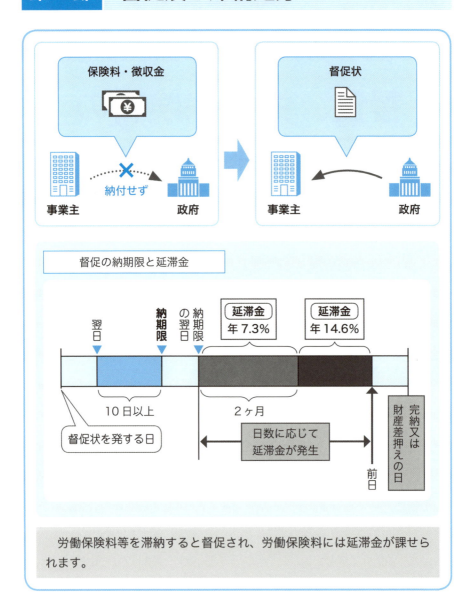

労働保険料等を滞納すると督促され、労働保険料には延滞金が課せられます。

条文

　労働保険料その他この法律の規定による徴収金を納付しない者があるときは、政府は、期限を指定して督促しなければならない（法27条1項）。

　前項の規定によって督促するときは、政府は、納付義務者に対して督促状を発する。この場合において、督促状により指定すべき期限は、督促状を発する日から起算して10日以上経過した日でなければならない（法27条2項）。

　督促を受けた者が、その指定の期限までに、労働保険料その他この法律の規定による徴収金を納付しないときは、政府は、国税滞納処分の例によって、これを処分する（法27条3項）。

　政府は、労働保険料の納付を督促したときは、労働保険料の額に、納期限の翌日からその完納又は財産差押えの日の前日までの期間の日数に応じ、年14.6パーセント（当該納期限の翌日から2月を経過する日までの期間については、年7.3パーセント）の割合を乗じて計算した延滞金を徴収する。ただし、労働保険料の額が1,000円未満であるときは、延滞金を徴収しない（法28条1項）。

解説

　試験で出題が多いのは延滞金の計算期間です。法定納期限の翌日から起算します。

　なお、次の場合は延滞金は徴収されません。

①　督促状に指定した期限までに労働保険料その他この法律の規定による徴収金を完納したとき。
②　納付義務者の住所又は居所がわからないため、公示送達の方法によって督促したとき。
③　延滞金の額が100円未満であるとき。
④　労働保険料について滞納処分の執行を停止し、又は猶予したとき（その執行を停止し、又は猶予した期間に対応する部分の金額に限る）。

発展学習

　追徴金には、延滞金は課せられません。追徴金は、労働保険料ではないからです。

第7章　督促、労働保険料の負担、雑則等

121

第2節 労働保険料の負担

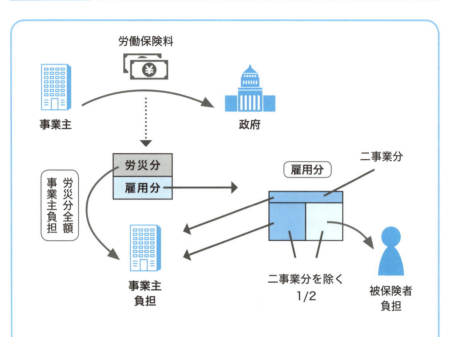

印紙保険料

日雇労働被保険者は雇用保険の被保険者負担分に加えて印紙保険料の半分を負担

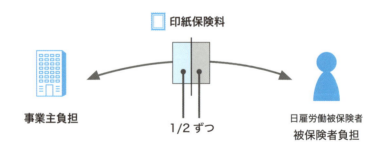

　労災保険料は全額事業主が負担します。雇用保険料は被保険者も一部を負担します。

条文

労災保険及び雇用保険に係る保険関係が成立している事業）に係る被保険者は、次のイに掲げる額からロに掲げる額を減じた額の2分の1の額を負担するものとする。

イ　当該事業に係る一般保険料の額のうち雇用保険率に応ずる部分の額

ロ　イの額に相当する額に二事業率を乗じて得た額

（法31条1項1号）

日雇労働被保険者は、前項の規定によるその者の負担すべき額のほか、印紙保険料の額の2分の1の額（その額に1円未満の端数があるときは、その端数は、切り捨てる。）を負担するものとする（法31条2項）。

事業主は、当該事業に係る労働保険料の額のうち当該労働保険料の額から前二項の規定による被保険者の負担すべき額を控除した額を負担するものとする（法31条3項）。

解説

雇用保険の保険料のうち、雇用安定事業及び能力開発事業の分である「二事業分」は、全額事業主が負担します。建設の事業は1,000分の4.5、それ以外の事業は1,000分の3.5です。

二事業分以外の部分を、事業主と被保険者が折半で負担します。

雇用保険料のうち、二事業分を控除した部分は、さらに、失業等給付分と育児休業給付分に区分されます。

発展学習

印紙保険料は、日雇労働被保険者と事業主が折半で負担します。1円未満の端数があるときは、事業主が1円多く負担します。

第3節 労働保険料の負担 −雇用保険分のみの場合

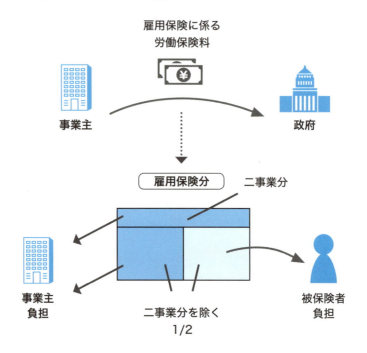

雇用保険分のみの場合、二事業分を控除した部分を事業主と被保険者が折半負担します。

条文

雇用保険に係る保険関係のみが成立している事業に係る被保険者は、次のイに掲げる額からロに掲げる額を減じた額の2分の1の額を負担するものとする。
イ 当該事業に係る一般保険料の額
ロ イの額に相当する額に二事業率を乗じて得た額
（法31条1項2号）

解 説

令和7年度の雇用保険率は、負担割合で考えると、次のように区分されます。

	雇用保険率	（うち二事業に係る率）	負担割合	
			事業主	被保険者
一般の事業	1,000 分の 14.5	1,000 分の 3.5	1,000 分の 9	1,000 分の 5.5
農林水産・清酒製造の事業	1,000 分の 16.5	1,000 分の 3.5	1,000 分の 10	1,000 分の 6.5
建設の事業	1,000 分の 17.5	1,000 分の 4.5	1,000 分の 11	1,000 分の 6.5

発展学習

　一般の事業の雇用保険率は、令和7年度においては、失業等給付 1,000 分の 7 ＋育児休業給付分 1,000 分の 4 ＝ 1,000 分の 11 を事業主と被保険者が半分（1,000 分の 5.5）ずつ負担し、事業主はさらに二事業分 1,000 分の 3.5 を負担しています。

第4節 賃金からの控除

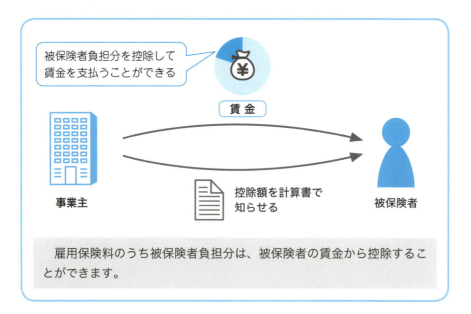

雇用保険料のうち被保険者負担分は、被保険者の賃金から控除することができます。

条文
　事業主は、被保険者に賃金を支払う都度、当該賃金に応ずる法第31条第1項各号の規定によって計算された被保険者の負担すべき一般保険料の額に相当する額（日雇労働被保険者にあっては、当該額及び法第22条第1項の印紙保険料の額の2分の1の額に相当する額）を当該賃金から控除することができる（則60条1項）。
　前項の場合において、事業主は、一般保険料控除計算簿を作成し、事業場ごとにこれを備えなければならない（則60条2項）。

解説
　賃金からの控除は、口頭での通知のみで済ませることはできません。

発展学習
　賃金が毎週1回金曜日に支払われているような場合に、4週間に1回まとめて控除するといったことはできません。

第5節 時効

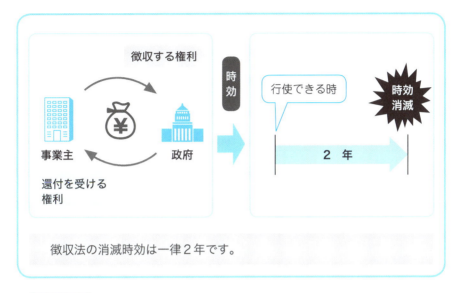

徴収法の消滅時効は一律2年です。

条文

労働保険料その他この法律の規定による徴収金を徴収し、又はその還付を受ける権利は、これらを行使することができる時から2年を経過したときは、時効によって消滅する（法41条1項）。

政府が行う労働保険料その他この法律の規定による徴収金の徴収の告知又は督促は、時効の更新の効力を生ずる（法41条2項）。

解説

徴収法の消滅時効は2年です。雇用保険の遡及適用が原則2年とされているのは、このためです。

時効は、一定の場合は、途中から新たに2年のカウントがスタートします。それが「時効の更新」で、例えば延滞金についての通知、労働保険料等についての督促状による督促などが該当します。

発展学習

時効の起算日である「行使することができる時」とは、例えば継続事業における年度当初（6月1日～7月10日）の確定精算に伴う精算返還金の場合は、6月1日です。ただし、当該申告書が法定期限内に提出されたときは、その提出の翌日となります。

第6節　罰則

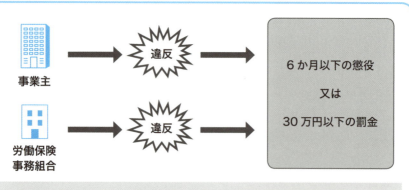

条文

事業主又は労災保険に係る一人親方等の団体が次の各号のいずれかに該当するときは、6月以下の懲役又は30万円以下の罰金に処する。

一　第23条第2項の規定に違反して雇用保険印紙をはらず、又は消印しなかった場合

二　第24条の規定に違反して帳簿を備えておかず、帳簿に記載せず、若しくは虚偽の記載をし、又は報告をせず、若しくは虚偽の報告をした場合

三　第42条の規定による行政庁の命令に違反して報告をせず、若しくは虚偽の報告をし、又は文書を提出せず、若しくは虚偽の記載をした文書を提出した場合

四　第43条第1項の規定による行政庁職員の質問に対して答弁をせず、若しくは虚偽の答弁をし、又は検査を拒み、妨げ、若しくは忌避した場合
（法46条）

労働保険事務組合が次の各号のいずれかに該当するときは、その違反行為をした労働保険事務組合の代表者又は代理人、使用人その他の従業者は、6月以下の懲役又は30万円以下の罰金に処する。

一　第36条の規定に違反して労働保険事務処理に関する事項を記載した帳簿を備えておかず、又は帳簿に労働保険事務に関する事項を記載せず、若しくは虚偽の記載をした場合

二　第42条の規定による行政庁の命令に違反して報告をせず、若しくは虚偽の報告をし、又は文書を提出せず、若しくは虚偽の記載をした文書を提出した場合

三　第43条第1項の規定による行政庁諸君の質問に対して答弁をせず、若しくは虚偽の答弁をし、又は検査を拒み、妨げ、若しくは忌避した場合

（法47条）

解説

社労士試験では罰則も時々出題されます。徴収法の罰則は比較的覚えやすい内容です。雇用保険印紙に関する罰則があるのが特色といえます。

発展学習

徴収法にも、いわゆる両罰規定があります（法48条）。

> 法人（法人でない労働保険事務組合及び労災保険法第35条第1項に規定する一人親方等の団体を含む。）の代表者又は法人若しくは人の代理人、使用人その他の従業者が、その法人又は人の業務に関して、法46条・47条の違反行為をしたときは、行為者を罰するほか、その法人又は人に対しても、各本条の罰金刑を科する。

第7章　督促、労働保険料の負担、雑則等

第7節 口座振替による納付

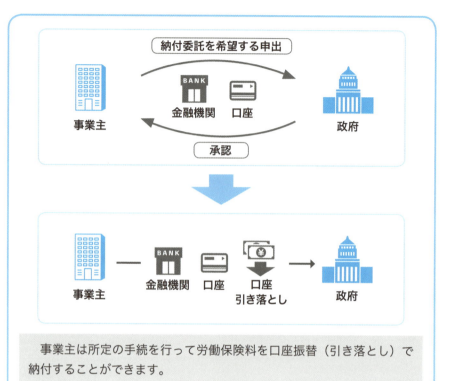

事業主は所定の手続を行って労働保険料を口座振替(引き落とし)で納付することができます。

条文

政府は、事業主から、預金又は貯金の払出しとその払い出した金銭による印紙保険料以外の労働保険料(以下この条において単に「労働保険料」という。)の納付(厚生労働省令で定めるものに限る。)をその預金口座又は貯金口座のある金融機関に委託して行うことを希望する旨の申出があった場合には、その納付が確実と認められ、かつ、その申出を承認することが労働保険料の徴収上有利と認められるときに限り、その申出を承認することができる(法21条の2)。

解 説

口座振替の対象	口座振替できないもの
納付書によるもののうち、 ・概算保険料（延納含む） ・確定保険料の不足額	納入告知書によるもの及び左に該当しないもの（認定決定の概算保険料・確定保険料、追徴金、増加概算保険料、特例納付保険料等）

発 展 学 習

　口座振替による納付の日が本来の納期限後であっても、納付書又は電磁的記録が金融機関に到達した日から2取引日を経過した最初の取引日までに納付された場合には、納期限内に納付されたものとみなされます。

第8節 不服申立て

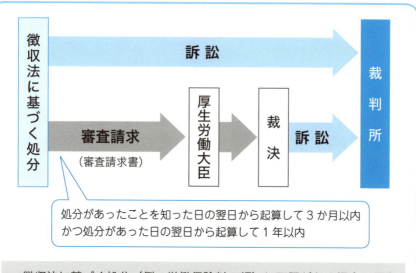

徴収法に基づく処分（例：労働保険料の額）に不服がある場合、厚生労働大臣に対して審査請求を行うことができます。また、審査請求をせずに直接処分の取消訴訟を提起することもできます。

条文

　行政庁の処分に不服がある者は、審査請求をすることができる（行審法2条）。

　審査請求は、法律に特別の定めがある場合を除くほか、行政庁に対してするものとする（行審法4条1項）。

　審査請求は、代理人によってすることができる（行審法12条1項）。

　処分についての審査請求は、処分があったことを知った日の翌日から起算して3月（当該処分について再調査の請求をしたときは、当該再調査の請求についての決定があったことを知った日の翌日から起算して1月）を経過したときは、することができない。ただし、正当な理由があるときは、この限りでない（行審法18条1項）。

　処分についての審査請求は、処分（当該処分について再調査の請求をしたときは、当該再調査の請求についての決定）があった日の翌日から起算して1年を経過したときは、することができない。ただし、正当な理由があるときは、この限りでない（行審法18条2項）。

　審査請求は、政令で定めるところにより、審査請求書を提出してしなければならない（行審法19条1項）。

解説

　労働保険徴収法には不服申立ての規定がありません。そのため、行政庁（厚生労働大臣）の処分に対する不服申立てについては、行政不服審査法に基づく審査請求を行うこととなっています。また、不服申立ての規定がないことから、直ちに行政事件訴訟法による処分取消の訴えを提起できることになっています。

発展学習

　労災保険の不服申立ては「労働者災害補償保険審査官」から「労働保険審査会」へ、雇用保険の不服申立ては「雇用保険審査官」から「労働保険審査会」へ、という流れです。

第7章　督促、労働保険料の負担、雑則等

133

第9節 代理人

条文

　事業主は、あらかじめ代理人を選任した場合には、この省令によって事業主が行なわなければならない事項を、その代理人に行なわせることができる（則73条1項）。

　事業主は、前項の代理人を選任し、又は解任したときは、所定の事項を記載した届書により、その旨を所轄労働基準監督署長又は所轄公共職業安定所長に届け出なければならない。当該届書に記載された事項であって代理人の選任に係るものに変更を生じたときも、同様とする（則73条2項）。

解 説

　労働保険事務は、労働保険料の申告・納付、保険関係成立届その他各種申請書等の提出等、多岐にわたります。日々忙しい事業主が完璧に行うのは大変ですから、代理人に行わせることが認められています。

発 展 学 習

　継続事業のうち、労働保険事務組合に労働保険事務の処理を委託していない事業であって、社会保険の適用事業所の事業主は、代理人選任・解任届を、年金事務所を経由して提出することができます。

コラム

年度更新のようなお寿司屋さんの話

　継続事業（一括有期事業を含む）の労働保険料の納付手続においては、当年度「概算保険料」の納付と前年度「確定保険料」の申告・精算が同時に行われます。これを一般に「年度更新」と呼んでいます。

　年度更新は、当年度と前年度を繋いで効率的な保険料納付のサイクルをつくる仕組みで、徴収法において中心的な役割を果たしているといえますが、社労士試験対策としては、「概算保険料」と「確定保険料」は別々に学習するため、この2つを繋ぐという感覚は得られにくいように思います。

　ここでは、「年度更新」を具体的なかたちとするために、「年度更新のようなお寿司屋さん」というものを考えてみます。

　△▽△▽△▽△▽△▽△▽△▽△▽△▽△▽△▽△

〜○月○日の午後。一人の客が、「プリペイド回転寿司」にやってくる〜

客　　「『プリペイド回転寿司』か。変わった名前だな。どれ、入ってみるか。こんにちはー」

店員「いらっしゃいませ！　『プリペイド回転寿司』にようこそ！」

客　　「変わった名前のお寿司屋さんですね」

店員「お支払のシステムが少し変わっておりまして。それでは、当店の支払システムをご説明します。まず始めに、お客様に本日召し上がる予定分の代金を前金でお支払いいただきます」

客　　「前払いなんですね」

店員「はい。そして、お帰りの際に、最初にいただいた前金と実際に召し上がった分の差額を精算します」

客　　「なるほど。結局食べた分を支払うというのは同じと。じゃ、前金の額はどれくらいにするかな…。とりあえず、2,000円くらいにしてみようかな。はい2,000円」

店員「2,000円ちょうどいただきます！　それではお席へどうぞー」

〜席へ〜
客　「どれもおいしそうだなあ〜まずはコハダあたりからいってみる
　　　か。パクパク、おいしいなあ〜」
〜寿司に舌鼓を打ち、満腹になって受付へ〜
客　「ごちそうさま。それではお勘定を」

店員「ありがとうございます。本日、2,500円分お召し上がりでした。
　　　前金で2,000円いただいていましたので、差額精算分はマイナ
　　　ス500円となります。ところで、よろしければ次回のご予約な
　　　どはいかがでしょうか」
〜と、ここで次回の予約を取るのがこの店の特徴！〜
客　「なかなか商売上手！　お寿司もおいしかったし、それでは△月△
　　　日に予約をお願いします」
店員「ありがとうございます！　当店では、次回の前金分のお支払いも
　　　今ここで承っております。前金として、本日お召し上がりの額
　　　「2,500円」でいかがでしょうか」
客　「なるほど。それなら前金をどれくらいにしようか迷わなくてすむ」
店員「それでは、本日の精算分500円と次回前金分2,500円とを合わ
　　　せまして、お支払額は3,000円となります」
客　「はい、3,000円」
店員「ありがとうございます。3,000円ちょうどいただきます！
　　　それでは、△月△日にお待ちしております！」

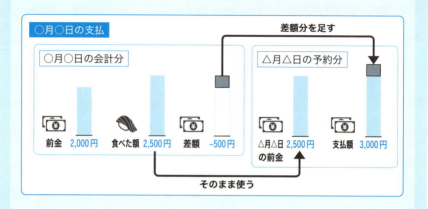

〜△月△日〜
客 「こんにちはー」
店員「お待ちしておりました！ 本日2,500円を前金としてすでに頂戴しております。それではお席へどうぞー」

〜席へ〜
客 「どれもおいしそうだなあ〜今日はマグロからいっちゃおうかな。パクパク、おいしいなあ〜」

〜寿司に舌鼓を打ち、満腹になって受付へ〜
客 「ごちそうさま。それではお勘定を」

店員「ありがとうございます。本日、2,000円分お召し上がりでした。前金で2,500円いただいていましたので、差額精算分はプラス500円となります。では、次回のご予約はいかがでしょうか」

〜と、ここで次回の予約を取る！〜

客　「それでは、◇月◇日に予約をお願いします」

店員「ありがとうございます！　それでは、◇月◇日の前金分として、本日お召し上がりの額「2,000円」でいかがでしょうか」

客　「はい、それでお願いします」

店員「それでは、本日の精算分500円を次回前金分2,000円から引きまして、お支払額は1,500円となります」

客　「はい、1,500円」

店員「ありがとうございます。1,500円ちょうどいただきます！　それでは、◇月◇日にお待ちしております！」

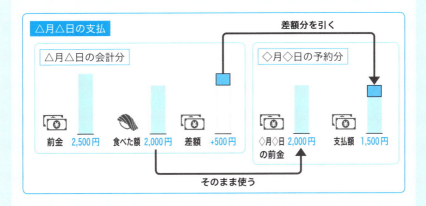

〜◇月◇日〜

客　「こんにちはー」

店員「お待ちしておりました！　本日2,000円を前金としてすでに頂戴しております。それではお席へどうぞー」

客　「今日もどれもおいしそうだなあ。何から食べようかな〜」

〜こうして今日も客は寿司に舌鼓を打つのでした〜

～解説～

年度更新のようなお寿司屋さん『プリペイド回転寿司』。お会計の方法が年度更新と似ています。それでは、年度更新と比較しながら見ていきましょう。

まず、お客さんが払う「前金」が、「概算保険料」です。そして、実際にお寿司を食べた分の額が「確定保険料」の額となり、帰る際に前金との差額の精算をすることとなります。

そして、この店の特徴は、今回食べた分の精算を単体でせずに次回の予約をまず取り、「今回分の精算とセットで次回の前金の支払をしてもらう」ことです。これが「年度更新」のポイントです。このように、今回食べた分の精算（前年度確定保険料精算）と次回前金の支払（当年度概算保険料納付）の２つを同時に行って繋げていくサイクルが年度更新のシステムとなります。

また、「今回食べた分の額を次回前金の額とする」ことも重要です。食べ終わって受付へ行き、今回食べた額が判明したタイミングで、その額をそのまま次回前金の額とする。これによって、次回前金をいくらにしようか悩む必要がなくなります。

年度更新に置き換えると、前年度確定保険料（「今回食べた分」）申告をしたタイミングで、その額の計算の基礎となった「前年度確定賃金総額」を当年度概算保険料の計算の基礎とすることができるということです。そうすることで、当年度概算保険料計算の基礎となる「賃金総額の見込額」を計算する必要がなくなります。「前年度確定賃金総額」に当年度の保険料率をかければ当年度概算保険料となり、その額を納付することになります。

例外として、賃金総額が前年度に対して２倍を超えるか半分未満になるような大きな変動がある場合は、その額を概算保険料額として申告・納付することになりますが、そうではない通常の場合は「前年度確定賃金総額」をそのまま使って当年度概算保険料の計算を行います。

第8章

練習問題

練習問題 1 ……………………………………………… 142
練習問題 2 ……………………………………………… 144
練習問題 3 ……………………………………………… 146

■ 練習問題

問1

　甲会社の事業内容等は、以下のとおりである。甲会社の令和7年度分の概算保険料の額として、正しいものはどれか。

① 事業内容　小売業
② 労災保険及び雇用保険に係る保険関係の成立年月日　平成22年7月10日
③ 労災保険に係る令和7年度賃金総額見込額　70,500,000円
④ 労災保険に係る令和6年度賃金総額　48,300,000円
⑤ 雇用保険被保険者に係る令和7年度の賃金総額見込額　23,100,000円
⑥ 雇用保険被保険者に係る令和6年度の賃金総額　18,900,000円

A　394,800円
B　437,850円
C　485,550円
D　546,450円
E　418,950円

問1 ▶ 解答・解説

　労災保険率：小売業のため、1,000 分の 3

　雇用保険率：一般の事業のため、1,000 分の 14.5

　本問において、令和 7 年度の賃金総額見込額は、令和 6 年度の賃金総額の 100 分の 50 以上 100 分の 200 以下の範囲内にある。よって、令和 6 年度の賃金総額を用いて計算する。

　労災保険料　48,300,000 円 × 1,000 分の 3 = 144,900 円

　雇用保険料　18,900,000 円 × 1,000 分の 14.5 = 274,050 円

　合計　　　　144,900 円 + 274,050 円 = 418,950 円

A　誤り。労災保険率を 1,000 分の 2.5 で計算している。

B　誤り。雇用保険率を 1,000 分の 15.5 で計算している。

C　誤り。労災保険について、令和 7 年度の賃金総額見込額を用いている。

D　誤り。労災保険、雇用保険とも令和 7 年度の賃金総額見込額を用いている。

E　正しい。記述のとおり。

（根拠条文　徴収法 15 条 1 項、徴収則 24 条 1 項、徴収則別表第 1 ）

正解　E

問2

継続事業の労働保険料に関する次の記述のうち、正しいものはいくつあるか。

ア 令和6年度の概算保険料が2,886,000円であったA社について、令和6年度の確定保険料は3,367,000円となった。差額は40万円以上であるため、延納の申請をして3回に分けて納めることができる。

イ 労災保険のみの保険関係が成立しているB社（保険関係成立日は令和2年4月1日）について、令和7年度の概算保険料が170,000円となった。B社は労働保険事務組合に労働保険事務の処理を委託している。延納の申請をした場合、第1期の納付額は56,668円となる。

ウ 継続事業であるC社について令和7年4月3日に労災保険及び雇用保険の保険関係が成立した場合は、令和7年5月22日までに概算保険料の申告及び納付をしなければならない。

エ 継続事業であるD社が事業廃止となり、令和7年4月30日に保険関係が消滅した。この場合の確定保険料の申告及び納付の期限は、令和7年6月19日である。

オ 継続事業であるE社について、労災保険及び雇用保険の保険関係が令和7年6月13日に成立し、概算保険料の額が468,000円である場合に、事業主が延納の申請をしたとすれば、第2期の納付額は234,000円である。

A 一つ　　B 二つ　　C 三つ　　D 四つ　　E 五つ

144

問2 ▶ 解答・解説

ア　誤り。確定保険料（設問の不足額）は延納できない（徴収法 19 条 1 項）。

イ　正しい（徴収則 27 条 1 項、昭 43.3.12 基発 123 号）。労働保険事務組合に労働保険事務処理の委託をしているため、金額不問で延納できる。3 分割した結果、1 円未満の端数がある場合は、第 1 期にまとめる。設問は、170,000 円÷ 3 ＝ 56,666 円と端数が出るため、第 1 期が 56,668 円、第 2 期が 56,666 円、第 3 期が 56,666 円となる。

ウ　誤り。申告及び納付の期限は、保険関係が成立した日の翌日から起算する。このため、4 月 4 日から 50 日目の 5 月 23 日が期限となる（徴収則 27 条 2 項）。

エ　誤り。保険関係が消滅した日を示された場合は、その日が起算日となる。4 月 30 日から数えて 50 日目は 6 月 18 日であり、この日が申告及び納付の期限となる（徴収法 5 条、19 条 1 項）。

オ　正しい（徴収則 27 条 1 項）。6 月 13 日から期の末日である 7 月 31 日までが 2 月以内のため、翌期とまとまる。これにより、第 1 期は 6 月 13 日から 11 月 30 日まで、第 2 期は 12 月 1 日から令和 8 年 3 月 31 日までとなる。468,000 円÷ 2 ＝ 234,000 円となるため正しい。

　したがって、B（二つ）が正解となる。

正解　B

問3

有期事業に係る労働保険料に関して、正しいものはどれか。

なお、事業主は概算保険料について延納の申請をしたものとする。

保険関係が成立した日：令和7年3月6日

事業の種類：建設の事業

事業の期間：令和7年3月6日から令和8年6月30日まで。

概算保険料の額：3億8千万円

労務費率：23%

賃金総額見込額：87,400,000円

労災保険率：1,000分の9.5

概算保険料の額：830,300円

A　概算保険料について、最初の期の納期限は令和7年3月25日である。

B　概算保険料について、第3期の納期限は令和7年10月31日である。

C　概算保険料について、第2期の納付額は166,060円である。

D　事業期間の途中で事業規模が拡大し、賃金総額が69,000,000円増加すると見込まれた場合、事業主は増加概算保険料の申告及び納付をしなければならない。

E　予定通りの期間で事業が終了となった場合、事業主は8月19日までに確定保険料を申告し、不足額があればその期間内に納付しなければならない。

問3 ▶ 解答・解説

A 誤り。最初の期の納期限は、保険関係が成立した日の翌日から起算して20日以内である。設問は3月7日から数えて20日目の3月26日となる（徴収則28条2項）。

B 誤り。設問は次のように4つの期に分かれることとなり、第3期の納期限は令和8年1月31日である（徴収則28条2項）。

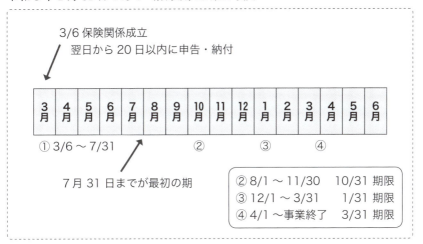

C 誤り。830,300円 ÷ 4 = 207,575円となり、いずれの期も207,575円の納付となる（徴収則28条1項）。

D 誤り。賃金総額の見込額が100分の200を超えて増加していないため、増加概算保険料の申告及び納付は不要である（徴収則25条1項）。

E 正しい（徴収法19条2項）。有期事業の確定保険料は、事業が終了した日の翌日（7月1日）から起算して50日以内に申告し、不足額を納付しなければならない。

正解　E

＜更新情報＞
※訂正等については、下記のウェブサイトをご参照ください。
　https://m-sharoushi.chosakai.ne.jp/

＜本書に関するお問い合わせ＞
※本書の内容等に関するお問い合わせは、郵便またはFAXまたは電子メールにて、
　返送先を明記のうえ、下記宛にお願いします。
　　〒170-0004　東京都豊島区北大塚2-4-5　労働調査会制作局
　　FAX：03-3915-9041　電子メール：info-sharoushi@choaskai.co.jp
※電話によるお問い合わせ、および著者宛のお問い合わせ、受験指導には対応して
　おりません。

月刊社労士受験別冊
勝つ！社労士受験
図解テキスト 労働保険徴収法　2025年版

令和7年5月7日　初版発行

編　者　労働調査会
発行人　藤澤　直明
発行所　労働調査会
　　　　〒170-0004　東京都豊島区北大塚2-4-5
　　　　TEL　03-3915-6401
　　　　FAX　03-3918-8618
　　　　https://www.chosakai.co.jp/

ISBN978-4-86788-080-7 C2032

落丁・乱丁はお取り替え致します。
本書の一部あるいは全部を無断で複写複製することは、法律で認められた場合を除き、著作権
の侵害となります。

月刊社労士受験別冊
勝つ！社労士受験シリーズ

◯✕答練徹底攻略 2025年版   好評発売中

B6判／321頁／小林 勇 監修／山川靖樹の社労士予備校 著／定価1,980円（税抜価格1,800円）

論点ごとにマルバツ式でテンポよく進められる使いやすい一問一答集。初級から中級程度の問題を多く集めており、インプット学習が終わった直後から試験直前期まで使える。

必ず得点マークで合格ライン 過去問題集 2025年版   好評発売中

A5判／797頁／山川靖樹の社労士予備校 著／定価3,300円（税抜価格3,000円）

合格に必要な必ず得点すべき問題に「必ず得点マーク」を記し、5年分の択一式・選択式の過去問を網羅。法改正に合わせて問題修正済み。本試験と同じ出題形式で実践感覚が養える。

横断整理徹底攻略 2025年版   好評発売中

A5判／193頁／富田 朗 著／定価1,980円（税抜価格1,800円）

社労士試験では、法律間で共通点や類似点が多く、相違点も含めて横断的に整理することが合格への近道。早い時期からの横断学習をお勧めしたい。横断学習が必要な過去問付き。

労基安衛・労一・社一選択式問題集 2025年版   好評発売中

A5判／101頁／小林 勇 監修／山川靖樹の社労士予備校 著／定価1,760円（税抜価格1,600円）

「労基法及び安衛法」・「労一」・「社一」に焦点を絞った選択式予想問題集。対策が難しい判例問題と白書・統計問題を中心に、実際の出題に沿った問題演習形式で強化する。

図解テキスト　労働保険徴収法 2025年版   新発売

A5判／156頁／労働調査会 編／定価1,870円（税抜価格1,700円）

労働保険徴収法は規定されている内容をイメージできれば理解できる！　図解で徴収法の基本と仕組みが実体としてわかる入門テキスト。

一般常識徹底攻略 2025年版   新発売

A5判／185頁／小林 勇 監修／山川靖樹の社労士予備校 著／定価1,980円（税抜価格1,800円）

合格するために必要な一般常識について、各法律や白書をコンパクトにまとめた内容。一問一答の練習問題が付いているため、一般常識対策にぴったり。試験までに取り組みたい一冊。

★下記フリーFAX、または労働調査会ウェブサイトよりお申し込みください。　※別途送料を頂戴いたします。

申込専用フリーFAX　0120-351-610　https://www.chosakai.co.jp/

月刊社労士受験主催

2025社労士試験直前セミナー
「出題予想＋横断整理」

毎年、レベルの高い分析で社労士試験の出題予想を組み立てる山川靖樹先生が講師を務める1日セミナーです。2025年の試験に出題されそうな問題を収録した、「的中予想20選＋横断整理」のオリジナルテキストを使って、1日でバランスよく知識を習得することができます。

直前期の総まとめ！6つのポイント

重要項目を集中特訓！

1 2025社労士試験直前セミナー「出題予想＋横断整理」
会場で受講の方は、東京・大阪どちらかの会場で生講義を受講することができます。ネット受講の方は、動画公開日～試験日までネットで受講することができます。

2 的中予想20選＋横断整理テキスト
セミナーで使用する教材。最新情報を盛り込み、試験を予想して作成します。

3 ズバリ予想問題集
セミナー受講後、知識の定着を図る問題集です。オプション解説動画（下記参照）でさらに効果的！

4 事前小テスト
セミナー受講前に解く小テスト。答え合わせはセミナーで行います。

5 フォローアップメール
全9回届くフォローアップメール。本試験に向けておさらいをしていきます。

6 2025社労士試験直前セミナー「出題予想＋横断整理」東京会場録画動画
2025社労士試験直前セミナー「出題予想＋横断整理」東京会場を録画した動画を、本試験の日まで何度でもお好きなタイミングで視聴することが可能です。
※ネットでの配信となります。

講師　山川 靖樹

会場受講

東京会場
2025年 **7月6日(日)**
JA共済ビル
カンファレンスホール
9:40～17:15

大阪会場
2025年 **7月13日(日)**
ホテルマイステイズ新大阪
コンファレンスセンター
9:40～17:15

生講義ならではの緊張感と集中力を体感できる価値あるイベントです。ぜひご参加ください！

受講料 **12,100円** （税抜き価格11,000円）

※ウェブサイトからお申込みください。　※ネット受講への振り替えはできません。

ネット受講

2025年 **7月13日(日)10:00～**
2025年 **社労士試験終了日**まで

東京会場のセミナーの録画をネットで何度でも視聴することが可能です。

受講料 **10,000円** （税抜き価格9,091円）

※ウェブサイトからお申込みください。　※会場受講への振り替えはできません。

オプション解説動画
ズバリ予想問題集解説動画（約2時間）　**5,000円**（税抜き価格4,546円）
※ネットでの配信となります（2025年7月6日(日)10:00～2025年社労士試験終了日まで）。
※ **3 ズバリ予想問題集**の一部に焦点を当てて解説した内容で、会場受講・ネット受講どちらの受講にもセットでご購入いただけます。

お申込み　https://m-sharoushi.chosakai.ne.jp/seminar
お問い合わせ　労働調査会お客様サービスセンター　TEL 03-3918-5517

月刊 社労士受験

問題演習と最新情報が満載の受験学習誌

https://m-sharoushi.chosakai.ne.jp/　毎月1日 全国有名書店にて一斉発売！

**実力がつく問題演習と
タイムリーな特集で
学習のペースメーカーに最適！**

B5判96頁＋暗記カード 数字の単語帳
毎月1日発売　本体1,320円（税抜価格1,200円）

科目別 択一プラクティス
各科目の重要ポイントを動画で解説！

音声ダウンロード　動画解説

10月号	労働基準法	2月号	国民年金法
11月号	労働者災害補償保険法	3月号	厚生年金保険法
12月号	雇用保険法	4月号	健康保険法
1月号	徴収法／安衛法	5月号	一般常識

社会保険労務士
山川靖樹
（山川社労士予備校）

特集　得点力アップに役立つ特集！

10月号	最新×重要×未出題　法改正問題演習
11月号	労働・社保　適用関係完全マスター
12月号	労災法　得点必須ポイント
1月号	図解　雇用保険キーワード
2月号	ここが問われる　健保・厚年　標準報酬月額
3月号	年金2法「被保険者」期間・種別・得喪の総整理
4月号	用語で押さえる安衛法
5月号	年金2法　選択式予想論点2025
6月号	集中対策！　法改正＆白書　　▶動画解説/音声DL
7月号	Ⅰ．複合問題対策①（労働編）　▶動画解説/音声DL
	Ⅱ．集中対策！法改正＆白書　問題演習編
8月号	Ⅰ．複合問題対策②（社保・常識編）▶動画解説/音声DL
	Ⅱ．横断整理ファイナルチェック
9月号	模擬試験〜2025年度試験完全対応〜　▶動画解説/音声DL

連載　問題演習で力をつける！

- ポイント解説　法改正情報
- 全科目チャレンジテスト
- スッキリわかる横断整理
- 年金2法　事例思考のレッスン
- 得点プラス！　計算・事例問題
- 一般常識統計対策Q&A
- ハイレベル答練
- めくって覚える！　数字の単語帳

※掲載内容は変更することがあります。

月刊 社労士受験
http://m-sharoushi.chosakai.ne.jp/

買い忘れの心配なし！
毎月自宅・職場に届く！

定期購読者大募集!!

月刊社労士受験は、2024年10月号から2025年9月号が第17期（2025年度試験対応）です。

購読料が断然お得！ しかも送料込み

［年間購読］ 第17期（2024年10月号から2025年9月号まで）12冊の定期購読です。
15,840円のところ **1,340円引き** 〈1冊分お得！〉
年間購読料 14,500円（税込、送料込）

［11冊購読］ 第17期の中でお客様ご指定の1冊を除く11冊の定期購読です。
14,520円のところ **1,020円引き**
11冊購読料 13,500円（税込、送料込）

B5判、本文2色刷、96ページ
別冊「数字の単語帳」
毎月1日発行
定価 1,320円
（税抜価格 1,200円）

お申込みはウェブサイトから！

月刊社労士受験　🔍 検索
〔月刊社労士受験ウェブサイト〕

お申込みはこちら！

URL　https://m-sharoushi.chosakai.ne.jp/

［お問い合わせ］お客様サービスセンター　TEL:03-3918-5517